社会保障制度改革が目指しているもの

内閣官房社会保障改革担当室長として考えてきたこと

中村秀一
NAKAMURA Shuichi

発行　年友企画
発売　社会保険出版社

目次

政策形成の現場から 11

日本の高齢者介護　119

政策形成の現場から

はじめに

動き出した「社会保障と税の一体改革」

冒頭から私事で恐縮であるが、菅内閣、野田内閣、第2次安倍内閣と政権交代を挟み3内閣で、足掛け4年にわたり社会保障と税の一体改革の事務局を務めてきた。そして、2014年2月28日付けをもって、そのポストである内閣官房社会保障改革担当室長の任から離れた。

1973年の厚生省への入省に始まり、厚生労働省退官後の2年間を社会保険診療報酬支払基金理事長職と今回の内閣官房に勤務し、併せて40年にわたって公務関連の仕事をしてきた（ちなみに、厚生省は、2001年1月の中央省庁の再編により、旧労働省と統合されて厚生労働省となった）。そこから解放されて、正直なところほっとしている。2月に一度、病院でメディカルチェックを受けているが、3月の血圧が従来から10ほど下がったのには驚いた。体は正直に反応するものだ。

さて、社会保障と税の一体改革であるが、民主党政権下で2010年10月から検討が始まった。民主党内では、マニュフェストにない消費税の増税を行うことの是非が終始問題となり、深刻な亀裂が生じた。野田内閣は、厳しい党内の反対論を抑え込む形で12年3月に一体改革関連7法案の国会提出に漕ぎ着けた。国会での法案審議が進む中、当時野党であった自公との合意が6月になり、14年4月に消費税率を8％とし、15年10月から10％とする消費税増税法案と子ども・子育て支援や年金制度改革などの法案が成立した。

「一体改革」とは、さまざまな課題を抱える社会保障について改革を行い、その所要財源を確保するための税制改革を同時に行うものである。「一体改革」によって、消費税財源は現行の地方消費税1％を除いて、すべて社会保障の財源とされる（消費税の社会保障財源化）。引き上げられる5％の消費税の使い道であるが、1％分は「社会保障の充実」（いわば上積み）に充て、4％分は財源がなかった基礎年金の国庫負担2分の1の財源に用いることや、現世代が社会保障の給付を受けながら費用の負担はせず後世代につけ回ししていた部分を減らすという「社会保障の安定化」に充てられる。

政府提出の7法案に加えて、議員立法である社会保障制度改革推進法が制定された。同法に基づいて社会保障制度改革国民会議が時限的に設置され、社会保障制度改革についてはさらに1年間検討することになった。政府は国民会議の報告を踏まえて、必要な「立法上の措置」を講じることが義務づけられた。

そして、法案成立後は、いつ衆議院を解散するかが焦点となった。このため、国民会議の開催は、解散が決まった12年11月末までずれ込んだ。国民会議は、実質9か月間の審議で結論を得なければならず、この短期間に20回の審議を行い、昨年（2013年）8月6日に清家会長から安倍総理に報告書を手渡すことができた。これを受けて、政府は臨時国会に「講ずべき社会保障改革の措置」を規定し、そのために必要な個別法案の提出時期も明記した「プログラム法案」を提出し、同法案は12月に成立した。

2014年4月1日から実施された消費税率の引き上げは、このような経緯から誕生したものであり、まさに社会保障と税の一体改革の始動である。

消費税増税により初年度は5兆円の増収が見込まれているが、基礎年金国庫負担2分の1に必要な財源として2・9兆円が使われる。そして「社会保障の充実」のために5000億円が使われる。

医療関係者にとっては周知のように、2014年4月1日から診療報酬の新点数表が施行されるが、技術料の引上げ分の財源として必要な350億円は、上記の5000億円の内数である。国民会議は、医療・介護提供体制の改革のために、診療報酬改定以外の「別途の財政支援の手法」として基金を提案していたが、14年度予算で900億円の基金造成費が計上されている。

現国会には、医療介護総合確保推進法案、難病対策関係法案、次世代育成支援対策推進法改正法案などが提出されているが、これもプログラム法の工程表に沿ったものだ。

一体改革のゴールは、２０２５年までにあるべき医療・介護提供体制を実現することである。これから私たちが歩まなければならない道のりは長い。

（「こくほ随想」２０１４年４月）

国民会議をめぐって

国民会議の変遷

社会保障制度改革国民会議の報告書(「確かな社会保障を将来世代に伝えるための道筋」)が取りまとめられ、8月6日(2013年)に会長である清家篤・慶應義塾長から安倍総理に手渡された。この国民会議は、昨年(2012年)8月に成立した社会保障制度改革推進法に基づいて設置されたものである。1年間という期間を限っておかれた会議であり、8月21日がその期限となっていた。私は、この国民会議の事務局長であったので、期限内に国民会議の報告書が完成し、ほっとしているところである。

国民会議の設置を定めた改革推進法自体が、自民・公明・民主の3党の合意から生まれたものであり、国民会議の生みの親は3党ということとなる。国民会議のスタートは、3党の足並みが整わず、昨年11月末へとずれ込んだため、1年間という審議期間がさらに限られたものとなってしまった。しかし、国民会議は、短期間であるが極めて精力的に審議を行い、この間、全体会議だけでも20回に及んだ。報告書は50頁近いものであるが、清家会長執筆の「国民へのメッセージ」が冒頭に置かれ、この報告書の意図を端的に記述している。この部分だけでも読んでいただければと思う。

さて、国民会議は、毎回、総理官邸で開催されたが、総理官邸での社会保障の会議については、思い出がある。官邸で社会保障の会議が設けられたのは、小渕総理の時が最初であった。当時（99年）、厚生省の政策課長を務めていたが、総理秘書官から、総理の下に社会保障の有識者会議を設置したいとの打診があった。総理直轄の社会保障の検討会は前例がなく、年金、医療、福祉などの各分野の審議会はすでに厚生省にあるので、省内の戸惑いは大きいものがあった。

しかし、90年代後半の経済不況が深刻になっており、増大する社会保障の費用をどのように賄うか、社会保障の持続可能性が強く問われている時期であった。国の歳出の伸びは、社会保障がほとんどを占めており、国家財政の健全化の観点からも社会保障が焦点となっていた。厚生省の審議会では、年金、医療、介護などの保険料については議論できるが、税財源までは具体的に踏み込めない。政府全体の立場で、社会保障を審議すれば、この限界を超えることもできよう。このような位置づけで、官邸の有識者会議に臨むことで省内のスタンスが固まった。

その有識者会議は、「社会保障構造の在り方に関する有識者会議」として2000年1月にスタートした。小渕総理は、毎回出席し、会議の終わりに必ず発言されていた。その熱意は参加した委員にも確実に届いたようであった。有識者会議の報告書は、その年の10月にまとめられたが、極めて残念であったのは、小渕総理が亡くなられ、この報告書をお渡しできなかったことである。総理が倒れられたのは4月1日（２０００年）であるが、この日は介護保険法が施行した日で、総理にも午前中に介護施設を視察していただいていた。この視察の準備にも関与していたので、ニュースで知った時の衝撃は大きかった。

01年の中央省庁再編に伴い、社会保障についての論議の舞台は経済財政諮問会議に移った。社会保障の「構造改革」が求められ、医療保険改革（02年）、年金制度改革（04年）、介護保険制度改革（05年）、後期高齢者医療制度の創設（06年。実施は08年）など一連の制度改革が進められた。06年以降も社会保障予算の伸びを抑える方針が定められ、毎年２２００億円の削減が求められた。毎年度、削減方策を編み出すため、政策担当者としてほとんどアクロバット的な対応が求められた。

この時期、いわゆる「医療崩壊」といわれる事態や、介護現場にワーカーが集まらないなどの問題が生じてきた。また、貧困・格差問題の顕在化など、社会保障のほころびや機能不全も目立つようになった。福田内閣や麻生内閣の下で、「社会保障国民会議」や「安心社会実現会議」が設置されて、社会保障の機能強化とそのための財源の確保の必要性が確認された。しかし、リーマンショックで経済の落ち込みが著しく、経済の回復を待ちながら政策転換へと舵を切りつつある途上で、09年の政権交代を迎えることとなった。

民主党政権の下では、政府・与党社会保障改革検討本部が設置され、社会保障改革が検討された。いわゆる「ねじれ国会」で野党の協力が必要となり、自公政権での検討の成果も継承しつつ、改革案が作成され、社会保障・税一体改革法案が国会に提出された。法案審議の過程で、昨年（2012年）6月に自公民の三党合意が成立し、その合意から冒頭に述べたような今回の国民会議が誕生した。

小渕総理の有識者会議から数えて14年。この間、社会保障の目指すべき姿は何度も示されてきた。求められるのは、これを実現していくこととそのための強いリーダーシップだ。

（『朝日新聞』2013年8月23日）

消費税と社会保障

消費税なかりせば

社会福祉法人の職員たちと9月末（2012年）、1週間ほどデンマークを視察した。高福祉、高負担の国である。国民負担率（国民所得に対する税と社会保険料を合わせた負担の割合）が7割と、経済協力開発機構（OECD）諸国の中で一、二の高さで、消費税率は25%。確かに駅のコーヒースタンドで注文しても、1杯600円ほどで、日本より割高に感じた。

ホームヘルパーと一緒に、高齢者介護の現場をいくつか見て回った。ヘルパーのスマートフォンには、どこに行って、どういう介護をするべきかが、派遣元から次々と指示が飛ぶ。目を引いたのは、徹底して高齢者の「自立」を促すケアが行き届いている点だ。例えば、「朝食の用意をする」という指示が出ている時に、それ以外の介護にまで手を出すのは、自立の妨げになるから、と禁じられていると言うのだ。高齢者が施設ではなくなるべく在宅で暮らせるよう、施設をバリアフリー住宅に建て替える取り組みも進んでいた。

デンマークは、4月からわが国で導入された、24時間訪問介護のお手本の地でもある。呼べばいつでもヘルパーが駆けつけてくれる。そんな手厚い福祉もあって、各種の国際的な調査で幸福度がトップクラスだと言う。高負担を受け入れ、成功している事例が確かにそこにはあった。

翻ってわが国である。

先の国会で「社会保障と税の一体改革」の関連法案が成立した。2015年10月までに消費税を段階的に10％へと引き上げるとともに、その財源はすべて社会保障に使うという内容だ。「一体改革」については、消費税の増税のみが取り上げられがちで、社会保障にとっての意義が十分理解されていないようだ。そもそも1989年の消費税導入で、社会保障の展開が大きく変化したという事実を多くの人は知らないのではなかろうか。

消費税と社会保障の歩みを少し振り返ってみたい。

まずは消費税導入前夜。消費税がとても不人気で、当時の大蔵省（現、財務省）は強力なキャンペーンを各方面に展開した。私は厚生省の担当官としてその様子を目の当たりにしたが、福祉や医療の関係団体を集めた消費税説明会の時のことを今でも覚えている。「福祉や医療の充実にも役立つ」と説得する大蔵省。これに対して団体からは、多くの国民が反対している消費税を、「福祉のために」といわれると福祉自体が嫌われてしまうという不安や、福祉予算が消費税収の範囲に限定されてしまうという懸念が相次いだ。

その後の経過は、この時の関係者の懸念とは反対に推移した。90年から高齢者の介護基盤を充実する10か年戦略（ゴールドプラン）が策定され、ホームヘルパーの増員など、遅れている在宅介護や施設の整備が図られることとなった。ゴールドプランが始まった時、筆者は老人福祉課長を務めたが、障害福祉を担当する同僚から「老人福祉の一人勝ち」とひがまれたほど高齢者介護の予算の増は著しいものがあった。

さらに、厚生省は90年代半ばの消費税率の引き上げを想定し、高齢者介護の充実にアクセルを踏む。00年の介護保険制度の実施にたどり着いたのである。消費税導入と5％への引き上げがなければ、今日の介護サービスは誕生しなかったし、介護難民があふれていただろう。

社会保障充実の勢いは90年代半ばに少子化対策（エンゼルプラン）や障害者対策（障害者プラン）に広がっていった。数字で検証すると、80年から90年までわが国の福祉の費用は3・6兆円から4・8兆円へと1・2兆円の増加であった。それが90年から00年までには4・8兆円から10・9兆円と、6・1兆円の大幅増となった。

その結果、社会保障全体の中で、90年当時1割程度に過ぎなかった「福祉」の占める割合が現在では2割近くまでに高まっている。この間、「医療」のスリム化が図られ、そのシェアは4割から3割へと低下した。一方、「年金」が社会保障の全体の半分を占めている状況はこの20年以上変わっていない。

長らく、社会保障の論議では、負担はできるだけ小さく、給付は大きくと言う声が強かった。

その結果、われわれは自分たちで負担している以上の給付やサービスを受けてきている。後世代に負担のつけ回しをしている状態だ。こうしたことは長くは続けられないし、続けてはならないことだ。「一体改革」でこれまでに倍する消費税財源を手にすることとなる。その財源は、専ら社会保障の充実と安定化のために使うと決めた。高齢者の医療や介護のニーズが一層膨らむことが明らかであり、少子化対策が喫緊の課題の今、どのような社会保障制度を築いていくべきか、まさに内政にとって最大テーマである。社会保障と言っても、年金や高齢者医療など課題はたくさんある。社会保障制度改革国民会議を設け、来年（2013年）8月までに審議を終えることが法律で定められた。時間は限られている。デンマーク並みの高福祉高負担は目指さないとしても、明日の日本の安心を描かなければならない。私たち現役世代としての責任は重い。

（『朝日新聞』2012年10月18日）

日本の社会保障

国際比較で考える

わが国は明治以来、近代化の過程で西欧の諸制度の輸入に努めてきたが、社会保障も例外ではない。19世紀末にビスマルクが導入した社会保険を手本に、健康保険法と厚生年金制度の前身が戦前につくられた。

1995年にドイツとの年金通算協定の交渉を担当することになり、2度ほど現地を訪れた。交渉の合間に「日本では専業主婦の年金が問題になっている」と話したが、先方に全く通じなかった。ドイツの年金制度は「働く人」しか対象にしておらず、専業主婦に年金などありえないからだ。本家のドイツと年金についての考え方が大きく違うことを体験し、ショックを受けた。

各家庭で家風に違いがあるように、社会保障も各国で独自の展開を遂げている。国際比較によって、普段は気付かない社会保障制度の特徴が見えてくる。わが国はすべての人に給付を保障したいという平等志向が強い。その現れが、専業主婦の年金と言えよう。

皆保険・皆年金は61年にできあがったが、それまでは国民の3人に1人が医療保険に入れなかった。年金も全就業人口の3分の1しか対象にしていなかった。これらの人々を国民健康保険や国民年金でカバーすることによって、皆保険・皆年金が達成されたのである。

保険制度であり、すべての人が保険料を納付しなければならない。所得のない人や低い人は保険料を納めにくいと想定されたが、それを乗り越えても国民全員を対象としていくことが優先されたのである。私たちが直面する社会保障の難題の多くが、保険料の負担力が乏しい層を抱えつつ、すべての人に給付を保障していくことにある、と言えよう。

目指すべきは「高福祉・高負担」か、それとも「低福祉・低負担」か、よく議論となる。社会保障の規模を09年の対国内総生産（ＧＤＰ）比で見ると、フランスが32・4％、スウェーデンが30・2％、ドイツが29・0％と高い。イギリスは25・0％とやや低く、アメリカは19・5％と相当に低い。わが国は23・1％で、高齢化率が最高であることを考えると社会保障の規模は決して大きいとは言えない。

規模もさることながら中身が大事であり、「中規模の高機能な社会保障体制」（「社会保障改革に関する有識者検討会」報告書）を目指すべきであろう。

わが国の社会保障給付のほぼ半分は年金が占めている。対ＧＤＰ比では、年金の規模はほぼ国際的な水準である。医療費はこれまで国際的にみると低いとされてきたが、近年、対ＧＤＰ比が急速に上昇しており、経済協力開発機構（ＯＥＣＤ）諸国の平均に達しつつある。

一方、わが国は福祉部門の規模が小さく、失業給付、住宅手当、家族給付などの福祉部門が大きいヨーロッパ諸国とは対照的である。

かつて、わが国の賃金体系は年功序列の生活給であり、子育ての費用も賃金で賄われることが想定されていた。現在では、企業の賃金体系も職務給に代わり、共働きで生活水準を維持していくことが一般的になっている。こうなると、保育所などの整備が必要になるし、子育ての費用についての社会的な支援も求められる。わが国でも、これからは福祉分野の充実が課題となる。

負担についてはどうだろうか。

国民負担率（国民所得に対する「税金負担率＋社会保障負担率」の割合）で見ると、スウェーデンは62・5％、フランスは60・1％、ドイツは53・2％と、50％を超える国があるのに対し、イギリスは45・8％、アメリカは30・3％である。わが国は39・9％とイギリスに次いで低い。しかし、財政赤字を含めた潜在的な国民負担率では、51・2％と50％を超えている。現世代が必要な負担をせず、先送りしているのだ。

社会保障の財源の構成も国によって違う。医療と年金の双方を社会保険で運営しているドイツやフランスは、保険料の割合が比較的高い。これに対し、医療を税で賄うイギリスやスウェーデンは、保険料の割合は低い。わが国は、社会保険を採用しているものの、税を多く投入しているので、両者の中間である。

しばしば、「わが国の医療は3割負担で国際的に見て自己負担が高い」と指摘される。しかし、わが国は、他国と比較して通院回数が極めて多い。この「かかりやすさ」との見合いで考えるべきだろう。

80年代半ばに、医療保険制度が日米の貿易協議の対象になった。交渉に備え、アメリカの医療を集中的に見て回った。訪れた先々で「看護師が医薬品の調合を間違わないように、あらかじめ調合した点滴を使用する」と説明された。「アメリカは看護師の質がよほど悪いのか」と同僚と語り合ったことを思い出す。

90年代に入り、わが国でも医療事故が頻発した。結局、「人は間違うもの」ということを前提に対応しているアメリカと同じ状況になった。わが国だけが特によいということはなかったのだ。

他国の経験を謙虚に学ぶことが必要だとの教訓を得た。

（『朝日新聞』2013年6月21日）

国民皆保険

ありがたさ、当たり前でない

先般のロンドン・オリンピックの開会式をテレビ中継で見ていたところ、アリーナではイギリスの歴史をたどっていた。産業革命だ……と見ているうちに場面の転回があり、乳母のような格好をした女性たちがダンスを始めた。大きな文字でＮＨＳとある。第２次大戦後生まれたイギリスの医療制度（国営医療サービス）のことだ。進む開会式をよそに、私はすっかり考え込んでしまった。東京でオリンピックが開催されるとして、医療が取り上げられるだろうか。

ＮＨＳに相当するのが、わが国では国民皆保険だろう。１９６１年にすべての国民が医療保険制度でカバーされることとなった。現在、皆保険を否定する政党は皆無だし、ほとんどの有識者にも支持されており、皆保険を維持することは国民的コンセンサスと言ってよい。この制度によって、医師にかかりやすくなった。

わが国民1人あたりの年間受診回数は13・1回で、ドイツの8・4回、フランスの6・7回、イギリスの5回、米国の3・9回、スウェーデンの2・9回に比べて断然に多い。わが国では、医療をけなす言葉として「3時間待って3分診療」があるが、実は3時間待てば医師に診てもらえるということは、国際的にみれば褒め言葉だ。

米国では公的な医療保険制度が整備されていない。数千万人が無保険者で、経済的理由で医療をうけられないことが問題になっている。スウェーデンでは医療費は無料に近いが、1週間以内に医師に診てもらえるようにすることが医療政策の目標になっている。患者がどの医療機関にも飛び込める「フリーアクセス」も、わが国では当たり前と考えられているが、国際的には少数派だ。

筆者がスウェーデンに駐在していた時、日本人駐在員の不満は、病院には直接行けないこと。診療所は予約制で、看護師が間に入り、医師にすぐには取り次いでくれないことだった。

また、わが国では、ほとんどすべての医療が、医療保険の対象になっている。67年に人工透析が保険の対象とされた。68年に215人であった透析の患者は、今日では30万人を超えている。25年を超えて透析をしている患者が1万人以上いる。これらの人々のまさに命綱となっているのが医療保険だ。

保険証をもっていけばどの医療機関にでもかかれ、たいていの医療が保険で提供されるということは国際的に高く評価されているが、わが国民には空気のように当たり前で、「ありがたみ」が理解されていない。

わが国の医療を作ってきたのが、皆保険である。しかし、良いことばかり、と言うわけにはいかない。

保険財源が確保されたため、病院が多く作られ、病床数も大幅に増えた。国際比較すると、日本は人口当たりの医師数、看護師数が少なく、ベッド数が非常に多い。1ベッド当たりの医療スタッフが極めて少ない状態だ。わが国の医療は、病院スタッフの献身的な努力でかろうじて運営されている。近年短縮される傾向にあるが、入院期間が長いのもわが国の特徴だ。早く治すという医療が実現されていないのだ。

医師が自由に開業できる制度であったため、似たような病院が多く、相互の役割分担や連携もとれていない。医師の地域偏在や診療科間のアンバランスが生じているが、この調整は至難の業だ。小さな病院を統合して医療機能を高める改革も必要だが、住民も地元に病院の確保を望むため、なかなか進まない。現状維持に傾きがちな医療界も改革の足かせになってきた。レセプト（医療機関から保険者に提出される医療費の請求書）の電子化は、数年前から本格化し、現在やっと請求件数の9割を超えるようになったが、旧厚生省が電子化を提唱してから30年近くかかった。医療界との調整に手間取ったためだ。医療がますます高度化し、医療安全の確保、質の向上が求められている今日、医療提供体制の改革が焦眉の急であるが、この分野の政策の立ち遅れが目立つ。

私事で恐縮だが、私が医者になっていれば7代目という医者の家系だ。祖父は信州の田舎の開業医であり、皆保険がスタートした前年に亡くなった。医院には朝から患者が多く、診察を終えた祖父が夕食をとるのは夜遅くであった。高齢になっても自転車で往診をしていた。小学校の校医でもあり、地域医療を実践していた。盆、暮れに祖父の家に帰省すると、いつも金だらいに鯉が泳いでいた。皆保険以前のことであり、薬代の払えない人は、鯉や野菜を持って御礼にきていたのだ。

皆保険で、医療は安くて当たり前だという錯覚を生んでしまった。医療は受けやすくなったあまり、その大切さへの実感が失われ、感謝の念が後退したことも大きな問題だ。医療保険の目的は患者支援だ。医療保険を収入源とする医療界は、患者本位という原点を忘れないでほしい。

私たち自身に「皆保険は自分たちの財産であり、大事に使う」という自覚がなければ、皆保険はいずれ崩壊してしまう。そこを改めて強調したい。

（『朝日新聞』２０１２年11月16日）

社会保障の改革

膨らむ医療、介護費どうする

「社会保険診療報酬支払基金」の理事長を2年間務めた。医療保険を支える裏方の仕事である。私たちは病院に行くとそのたびに支払いをするが、その額は70歳未満の場合、診療に要した費用の3割である。残り7割は、私たちが所属する保険者が支払う仕組みだ。

このため、医療機関は保険者に支払いを求めなければならない。わが国には約3500もの保険者がある。一方、病院、診療所、歯科診療所、調剤薬局などの医療機関の数は約22万にも上る。それぞれが、それぞれに対して請求、支払いを行うとすると、膨大な事務量になる。そこで両者の間に支払基金が入り、医療機関からの請求をチェック(審査)した上で、支払う仕事をまとめて行っているのだ。

請求と支払いは月単位で行われる。医療機関は毎月10日までに、前月分の患者ごとの請求書(レセプト)を支払基金に提出する。かつては、大病院からの請求書が紙の山をなし、運ぶのにトラックが必要だった。池袋にある支払基金東京支部の周辺は、毎月10日近くになると交通が渋滞するほどだった。支払基金のオフィスは紙で埋まり、請求書を保険者ごとに振り分けるのに、人力では到底間に合わないので、「振り分け装置」で分類した。機械がうなり、視察したある国会議員は「印刷工場のようだ」と評したものだ。

ここ数年で、請求書の電子化が急速に進み、紙の請求書はピーク時の1割以下に激減した。オフィスもすっかり様変わりした。審査委員室に大型ディスプレーが並び、さながらＩＴ企業のようだ。

しかし、個々の請求書が、それぞれの患者に対する治療行為や薬などの価格を反映していることは変わらない。わが国の医療費が何兆円と言われてもピンとこないが、この現場では、私たちの日々の受診結果の集積であることが実感できる。

私たちが生涯で使う医療費は、１人当たり２４００万円と推計されている。もし、医療保険制度がなく、すべて自分で備えるとすると、４人家族で約1億円ということになるが、それで足りるだろうか。

２４００万円はあくまで平均である。昨年、１人の患者の医療費で、1か月1億円を超える請求書が出てきた。このような高額医療の場合は、普通の家計ではお手上げだ。ここに、皆で協力してリスクに備える医療保険制度の存在理由がある。

生涯の医療費のうち半分は70歳以降に発生する。高齢化は医療費を押し上げるのだ。それだけではない。医療は日進月歩で高度化し、それとともに高額化している。年々の医療費を観察すると、診療報酬の改定や制度改正の影響がない年で、年率3％台の伸びを示す。私たちは「医療費の上りエスカレーター」に乗っている状態だ。

この2年間、社会保障と税の一体改革の説明のために、各地の対話集会に出向いた。会場では、年金制度の将来を懸念する声が多く出た。

だが、年金は2004年の制度改正によって、厚生年金の保険料は17年に18・3％の上限に達し、以後固定される仕組みになっている。このため、年金の給付費は、現在の53・8兆円から、25年には60・4兆円と12％増加するが、対国内総生産（GDP）比で見ると、11・2％から9・9％へと、現在よりもむしろ低下することが見込まれている。

これに対し、伸びが著しいのが医療と介護の給付費だ。現在35・1兆円の医療費は、25年までに54・0兆円と1・54倍となり、現在8・4兆円の介護費は19・8兆円と2・36倍になる見込みだ。医療と介護は、現在、社会保障給付費の約4割を占めているが、25年には約5割を占めるまでに膨らむ。これからの社会保障改革の議論は、医療と介護が焦点とならざるを得ない。

数多い医療保険の保険者のうち最大の保険者は、加入者3500万人の全国健康保険協会（協会けんぽ）だ。中小企業のサラリーマンが主体である。政府管掌健康保険を引き継いで08年に発足したが、医寮費の伸びとリーマン・ショック後の賃金の低下の影響を受け、財政状況は非常に苦しい。発足以来、毎年保険料の引き上げを余儀なくされ、発足時の保険料率8・2％は、現在10％まで上昇した。大企業が中心の健康保険組合の平均の保険料率8・3％と比べると相当高い。保険料の格差は、これまでになく大きな問題となっている。

自営業、農業、年金受給者、パートタイマーなどは、国民健康保険がカバーすることで皆保険が成り立っている。保険料を納められない人が続出すると、皆保険は崩壊してしまう。

医療費を賄う財源は、保険料か、税か、患者負担しかない。低所得者が保険料を払える水準にとどめるため、税による支援が行われてきた。しかし、今後の医療と介護の費用の伸びを考えると、年金制度にこれ以上税をつぎ込むことは難しそうだ。将来を見据え、制度横断的な視点に立った社会保障の全体設計が急務となっている。

（『朝日新聞』２０１３年2月15日）

高齢者の医療費

「生活を支える」制度へ転換を

先月（２０１３年３月）、厚生労働省で、これから公務員を志望する学生向けの説明会があった。頼まれて、講師を務めた。国民生活に密着する社会保障の重要性を説くとともに、体験を踏まえて公務に従事することのやりがいについて述べた。同時に、この分野は関係者が多く、利害調整が大変であることも説明した。念頭にあったのが、老人医療費をめぐる問題だ。

高齢化に伴い、高齢者の医療費の増加が著しい。２０１０年度の国民医療費は37・４兆円だが、65歳以上の医療費は20・７兆円で、その過半に及ぶ。さらに、75歳以上だけで12・４兆円と、医療費全体の３分の1を占める。

近年の医療保険をめぐる議論はすべて、増大する老人医療費をどう賄うかであった、といっても過言ではない。08年から後期高齢者医療制度が始まったが、高齢者を差別する制度だとの批判が出た。75歳以上の高齢者は、一般の医療保険とは別の保険制度に入ることになったためだ。

なぜ、このような仕組みになったのか。それを理解するには、この間の歴史を知らなければならない。

発端は、「福祉元年」と言われた１９７３年に実施された老人医療費の無料化にある。当時、年金制度は充実する前で、「頼れる年金」には程遠かった。高齢者の患者負担は、国民健康保険では３割、健康保険の被扶養者では５割だった。現在と違って負担に上限（高額療養費）がないので、患者負担が大きく、その軽減が課題となっていた。

そこで、70歳以上の患者の自己負担の無料化が行われた。その結果、高齢者の受診が急増し、市町村の国民健康保険の財政は急速に悪化することになった。「病院のサロン化」などの問題も生じ、無料化の廃止と国保に偏る老人医療費をどうするかが課題となった。

いったん無料化したものを、有料に戻すことには抵抗が強かった。医療界も受診抑制になると反対した。

83年に施行された老人保健法によって、患者負担が復活したが、定額負担であり、しかも外来は１か月４００円、入院は２か月に限り１日３００円という少額の負担であった。

医療費と連動する定率の患者負担の導入が政府の目標であったが、何度トライしても実らなかった。02年の小泉政権下でようやく１割の定率患者負担が実現した。役所のある先輩が、「自分の公務員人生は、老人医療の自己負担を定率負担に戻すための30年だった」と述懐したほど、時間がかかったのだ。

わが国の医療保険の特色は、被用者保険と国民健康保険の2制度に分かれ、多数の運営主体、つまり保険者で構成されていることだ。保険者は、その規模や構成員の所得・年齢構成などに差があり、保険者間で財政調整すべきだとの意見が、皆保険達成直後からあったが、保険者の独立性を損なうとして実現しなかった。

しかし、老人医療費無料化で制度間の負担の偏りがあらわになり、老人保健法によって70歳以上の医療費については共同で負担することになった。給付費の3割は公費、すなわち税で負担し、残り7割を全保険者が共同で拠出する仕組みだ。一種の「割り勘」である。「割り勘の額」に当たる拠出金は、どの保険者にも70歳以上の高齢者が同じ比率でいると仮定して算出した。結果として、被用者保険から国民健康保険にお金が回る形となった。

以後、被用者保険は拠出金の増大に悩むことになり、老人保健制度を見直すことが被用者保険側からの要求となった。

90年代に入り、経済の低迷が続いて医療保険財政が窮迫し、議論の切迫度が増した。しかし、97年の健康保険の改正に際し、老人保健制度に代わる方式として、「独立保険方式」や「突き抜け方式」などの4案が検討されたが、集約できなかった。

02年の改正で、「割り勘」の総額を小さくするため、公費（税）の負担割合を5割にするとともに、拠出金の対象となる医療費の範囲を、70歳以上から75歳以上に段階的に縮小する措置などがとられた。これにより5年間ほどは拠出金の増加を止めることができたが、効果は一時的であり、「新たな高齢者医療制度」の創設が求められた。

このような経過を経て、到達したのが後期高齢者医療制度である。

従来の「割り勘」では、拠出金は既存の保険者に配分され、高齢者の医療費についての財政責任が不明確だった。そこで、もっぱら75歳以上の医療費を管理する保険者をつくることとされた。

この制度は、分立した保険者の下で、高齢者を患者負担で優遇しつつ、増大する高齢者の医療費を世代間で分担するルールを定めたものである。高齢者は優遇されこそすれ、差別はされていない。

高齢者にふさわしい医療について議論をすると、とかく「高齢者を差別する」という批判を受けやすい。わが国は世界の最長寿国として、従来の「治す医療」から「生活を支える医療」への転換が求められている。冷静で、建設的な議論を期待したい。

（『朝日新聞』２０１３年４月20日）

診療報酬点数表

改定頼みの医療改革に限界

医療関係者との集まりで、がぜん熱がこもることがある。話が「点数表」に及んだ時だ。

正式には、「診療報酬点数表」。わが国の医療保険制度で使われる医療についての値段表である。一般の商品やサービスとは異なり、医療保険の世界では、医療サービスの値段は公定されている。

「初診料　270点」というように、1点10円の点数で値段が表示されているので点数表と呼ばれる。現在、点数表には、医科だけで約5千項目が掲載され、点数表の別表の「薬価基準」で約1万7千品目の医薬品の値段が決められている。

患者が、窓口で支払う医療費も、点数表に従って計算されたものだ。2011年度に37・8兆円に達したわが国の国民医療費は、点数表によって計算し、請求された医療費の積み上げなのである。点数表に掲載されていない医療行為や医薬品は支払いの対象とならない。

このように点数表は、わが国の医療保険制度で保障される医療の範囲を定める機能も果たしている。点数表は、2年に一度の頻度で改定されているが、日進月歩の医療を反映して、改定のたびに複雑になっているのが現状だ。

病院に行くと、重症の患者を扱う集中治療室（ICU）や、集中的にリハビリテーションを行う回復期リハビリテーション病棟など、多様な機能が見られる。これらは、点数表で定められたことにより普及したものだ。点数表で一定の基準を満たす集中治療室で、患者を治療した場合の点数が決められる。医療機関は、その基準に従った集中治療室を設置すれば、支払いが受けられるようになり、集中治療室の設置が進んだ。回復期リハビリテーション病棟が、点数表に載せられたのは00年4月である。以後、この病棟は急速に増え、今日、全国で6万6千ベッドを超えるまでになった。

このように、どのような点数を設定するかによって、医療機関の行動が変化する。点数表がわが国の医療の方向を実質的に決めてきた、とさえ言われるほどだ。

健康保険法で、点数表は厚生労働省が定めるとされているが、事前に中央社会保険医療協議会（中医協）に諮問しなければならない。中医協は、診療側委員（医療機関代表）、支払い側委員（保険者・被保険者の代表）、公益委員の3者構成となっている。医療費の交渉に行司が立ち会っている構図だ。

医療費をどう配分するかは利害がからみ、医療界内部でも調整は容易ではない。入院と外来にどう配分すべきか。難しい手術を重視すべきか、それともありふれた生活習慣病の治療がより大事か。内科、外科、眼科など各診療科をどう評価すべきか。病院の中でのスタッフの人件費を手厚くするか、それよりも新しい医薬品や高度の治療機器に対して配分すべきだろうか、などなど。

医療費を支払う側からすれば、そうでなくとも医療費は増え続けているのだから、値上げは極力避けたい。むしろ、医療にはまだまだ無駄があるのではないか、合理化できる余地はないのか。医薬品や機材の値段はもっと下げられないのか、という主張になる。

どうしても中医協の審議は難航しがちだ。中医協は半世紀以上にわたる長い歴史を有するが、数々の紛糾のエピソードの集積である。

筆者自身が担当者の一人として経験したのは、1997年12月の中医協だ。年末も迫り、夕方には政府の来年度予算案を決定する閣議を開く、という日まで中医協の審議がもつれ込んだ。当日も、昼から中医協を開いて延々と協議したが、合意に達しない。これでは医療費が決まらず、予算案が決められない。結局、全閣僚を午前0時過ぎまで待たせて、中医協を終えた。思い出すと今でも冷や汗がでる。

高齢者が急増し、医療ニーズの増大は必至だ。特に、大都市部の高齢者の急増は深刻である。これに対応できる医療体制への再編が待ったなしだ。地域の医療をめぐっては、医師などの偏在の問題があるし、病院相互の機能の分担や連携が不十分であるなど、解決すべき課題は極めて多い。そもそも、わが国は、1ベッド当たりの医療スタッフの配置は、国際的に見て極めて貧弱な状態にあり、入院期間も長いという問題も抱える。これまで点数表が、医療機関を引っ張ってきたが、医療体制が直面する課題を解決し、その再編成を成し遂げるためには、点数表による誘導のみでは限界にきている。

私の父は、病院に勤務する外科医であったが、「点数表はおかしい」との話を小学生の時から聞かされていた。大学を出たての新米の医師も、練達の医長も、手術料は同じ値段で評価されるし、行った医療行為に応じて支払う出来高払いであるので、手術が成功して順調に治った場合より、失敗して長く入院した場合の方が、医療費が多く支払われる矛盾も抱える。

このような指摘に何とか答えようと、点数表の改定のたびに努力を積み重ねてきた。いまだ道半ばであり、これからも不断の改革が求められる。

（『朝日新聞』2013年7月19日）

年金改革

次世代につなぐ植林のように

年金がない社会は、今では考えられなくなっている。65歳以上の高齢者世帯の総収入の約7割を年金が占める。そして、高齢者世帯の6割は年金しか収入がない。まさに年金が老後の生活を支えている。1年間に支払われる年金の総額は約53兆円に達する。1万円札を積み重ねると530キロメートルの高さになる。倒せば東京から大阪までの距離に相当する。

このような「頼れる年金」になったのはごく最近のことだ。私は、1973年に旧厚生省に入省した。当時は、医療費が社会保障費の約6割を占め、健保改正法案をめぐって強行採決もしばしばだった。これに比較して、年金は格段に規模も小さく目立たなかった。この年に年金制度の大幅な給付の改善があり、「頼れる年金」へと離陸した。直後にオイルショックによる物価の急激な上昇があったが、物価スライドが制度化されていたため、年金額もそれに応じて引き上げられ、年金は存在感を増していった。

この間、家族のあり方も変わった。70年には65歳以上の者がいる世帯の55・2%が3世代同居であり、「夫婦のみまたは単独世帯」は16・8％にすぎなかった。その後、3世代同居が21・2％へと激減し、「夫婦のみ、または単独世帯」が5割を超えた（05年）。年金は、このような高齢者の生活を支えてきたし、また、年金がこのような家族の変化を促した面もあるだろう。

昨今、問題となっている格差。高齢期は、最も所得格差が開く時期だ。高齢者の当初所得（社会保障の給付や税の負担がない状態）の格差は非常に大きいが、社会保障や税による再分配後の所得では格差が是正されている。これには年金が大きく寄与している。このところ史上最多を更新し続けている生活保護の受給者数を見ると、確かに高齢者人口の増加が寄与して被保護の高齢者数が増えてはいる。しかし、年齢別の保護率を見ると、あらゆる年齢層で保護率が高まるなかで、高齢者世帯の保護率の伸びが実は一番低い。年金が支えているからだ。

産業構造が大きく変化し、人口は急速に高齢化した。持続可能な年金制度としていくため、見直しが重ねられてきた。だが、年金改革は難しい。現に、多数の国民が年金を支えに生活をしているし、間近に迫った定年後の生活設計に年金を組み込んでいる人も多いだろう。これらの人々のことを考えると、「梯子を外す」急激な改革はできない。20歳以上のすべての国民が加入し、3800万人が年金を受けている巨大な制度だ。1人の年金のことを考えても、保険料を払い始めてから本人とその遺族が年金を受給する期間まで、100年近い記録の管理が必要だ。巨大タンカーのようなもので、急に進路を変更することは困難だ。

私も年金課長として94年の年金改正に携わった。厚生年金の支給開始年齢の引き上げに着手する改正であり、難航した。次の5年後の改正で、65歳まで完全に引き上げられることとなったが、完成するのは男子で２０２５年、女子で２０３０年だ。日本より寿命の短い欧米が、すでに65歳を超えた更なる引き上げに向かっている。世界最長寿を享受し、高齢化率が最高なわが国にとって、この問題は次の検討課題だ。

年金改革は、社会保障分野の中で最も議論が大きく分かれる。社会保障と税の一体改革で合意をした3党をとってみても、自民、公明の両党は現行制度を基本として制度を改善していくという立場だが、民主党は所得比例年金に一元化し、最低保障年金を組み合わせた、全く新しい年金制度を提案している。

改革の論点となるのは、現役世代の保険料負担だ。少子高齢化が進む中で、どれだけの負担を現役世代に求められるのか。

世代間で支払った保険料と受け取る年金額の比率が違い、若い世代が「損をする」という議論がある。しかし、そう単純なことではない。現在の高齢者世代（例えば、１９４０年生まれ）は、現役時代に年金がほとんどなかった親を扶養しつつ、自分の保険料を納めてきた。80年以降に生まれた人の親は、充実した年金があり、親の扶養のための経済的負担は軽い。

年金は、通常の貯蓄と同様のものと考えられがちだが、自分の保険料が利子とともにそのまま自分に返ってくるものではない。現役時代の給与の低い人にも一定以上の年金を保障する仕組みで、所得の再分配をしている。損得を超えた機能を果たしているのだ。現在の高齢者世代の現役時代の生活水準は低かった。私たちは、保険料は高いものの、比較にならないほど高い生活水準を享受している。教育、住宅など前世代が後世代に引き渡したものも多い。給付と負担の比率のみを捉え、損得として論ずることは、年金の本旨を取り違え、世代間の対立をあおるだけだ。

年金の改革は息の長い仕事だ。支給開始年齢を5歳引き上げるだけで30年もかかる。

かつて、林業の話を聞いたことがある。今、植林してもその成果が得られるのは、自分の代ではない、と言う。年金も同じで、長期的視点に立った、冷静な議論が求められる。

（『朝日新聞』２０１２年12月14日）

国民生活への役割

地域経済・雇用にも貢献

わが国の社会保障の規模は、2012年度で109・5兆円と見込まれている。国の13年度一般会計予算の92・6兆円を大きく上回り、各省庁が使える予算である一般歳出53・9兆円の2倍以上となっている。

これに要する財源は、ほぼ6割が保険料で、約4割が公費、すなわち税である。人口の高齢化に伴って、給付は年々増大している。このような社会保障だが、現役世代の負担としてのみ強調されることが多く、国民生活に果たしている機能や国民経済の中で占める役割は、意外に理解されていないようだ。

古い話になるが、旧厚生省の政策課長として、1999年版の厚生白書の作成に携わった。97年秋以降、わが国の経済状態が極めて悪化し、社会保障の持続可能性に対する懸念が非常に高まった時期である。当時の首相の諮問機関である経済戦略会議は、99年2月に「日本経済再生への戦略」を取りまとめたが、社会保障については、基礎年金の税方式への移行、公的年金としての厚生年金の廃止、老人医療について税財源で賄うことなどが盛り込まれていた。これまでの社会保障の制度を大きく変えようとする提言であった。

このような見直しの是非を問うべく、99年の厚生白書では原点に立ち返って、社会保障の意義と効用を再確認することとした。タイトルは「社会保障と国民生活」だった。

その中では、例えば社会保障が地域経済にも大きく寄与していることを、どうすれば具体的にイメージしてもらえるか、腐心した。

そこで、コラムで年金の規模と全国の米の生産額を比較することにした。当時（96年）の米の生産額は、3兆円強であったのに対し、年金の給付額は28・2兆円と、その9・3倍であった。米の生産額の上位10県・道でも、年金の額が上回った。そこで、「『米どころ』と呼ばれる地域でも年金給付は地域経済に占める比重が大きい」と書いた。今日では、年金額が53・8兆円に達し、米の生産額は1・8兆円へと低下したので、29・9倍と拡大した。

国民経済の中での社会保障はどうだろうか。企業部門から家計部門に支払われる賃金・俸給は、年間196兆円という。年金の総額53・8兆円は、現役世代の所得である賃金・俸給のほぼ4分の1に相当する規模となっている。もはや、年金抜きの国民生活は考えられないことがわかるだろう。事業主が支払う社会保険料は、年間28兆円に達し、本人分は33兆円となっている。いずれも法人税9兆円や所得税14兆円を上回っている。13年度の一般会計における税収は、約43兆円であり、社会保険料が国の税収総額を大きく上回っている。

「社会保障と税の一体改革」が必要とされる背景には、このように大きくなった社会保障の存在があるのだ。

バブル経済の崩壊後、雇用は深刻な状態にあるが、社会保障は雇用の面でも大きく貢献している。

公的医療・介護サービスに従事する者は462万人であり、この10年間で238万人も増加している。これを含め、医療・福祉分野で働く人の数は706万人となっている。多くの産業分野がある中で、医療・福祉分野より多くの従事者を抱えている分野は、卸売り・小売業の1042万人、製造業の1032万人だけである。この10年間で大きく雇用を伸ばしている分野は、医療・福祉分野だけであり、政府が雇用対策を発表するたびに、雇用を生み出す分野として位置づけられてきた。

とは言え、医療・福祉の本来の目的は、雇用の創出にあるのではない。医療の任務は、病んだり傷ついたりした人々を治すことで、これらの人々の早期の社会復帰に貢献しているか否かにある。

人口減少社会にあって、より多くの女性が労働市場に入ることが期待されている。そのためには、出産・育児と仕事を両立しなければならない。保育サービスなどの育児支援は、女性が働き続けるために不可欠な社会基盤だ。

高齢者のための施策と考えられがちな介護も、現役世代を親の介護から解放し、雇用の継続を支える機能がある。年金は、親を私的に扶養する重荷から現役世代を自由にしている。ほぼ30年前、スウェーデンの国会議員に、わが国の65歳以上が子どもと同居している比率の高さを説明したことがある。「かつてはスウェーデンでもそうだったが、実は家族のだれかが犠牲になっていた。われわれは年金でそのような犠牲をなくす道を選んだ」と言う答えが返ってきたことを思い出す。

このように、社会保障は、深くわが国の社会に定着し、国民生活を支えている。社会経済の基幹的なインフラなのである。社会保障が機能しない社会は、格差が広がり、階層化が固定し、殺伐で不安定な社会になるだろう。

現在のわが国の社会保障は、60年代、70年代の高度経済成長期に形づくられ、その時々の時代の要請に応えながら発展してきた。まさに、国民共有の貴重な財産である。社会保障を持続させ、次世代に渡していくことが現世代の役割であると思う。

(『朝日新聞』2013年5月17日)

介護保険制度

団塊世代の高齢化に備えよ

２０００年３月31日の深夜、私は都内の訪問介護の事業所に招かれていた。４月１日の介護保険制度のスタートに合わせたイベントのためだ。午前０時、日付が変わると同時に、ヘルパーを乗せた車が職員の拍手に送られ事業所を出発し、「出陣式」は終わった。１日は土曜日であったが、多くの自治体では、万一の混乱に備え、担当部局が待機した。介護保険は数年越しの論議を重ね、難航した国会審議を経てようやく成立した。それだけに、多くの関係者の期待と不安が交錯する中で新制度は走り出した。

介護保険以前は、老人福祉法によって行政が介護サービス利用を決めていた。予算の制約もあり、利用者は低所得層に限定されがちで、中間層に利用できるサービスが乏しかった。住民もサービスが利用できると思わないから、介護のニーズも顕在化しない。今から考えると嘘のような話だが、90年に老人福祉課長を務めていた時にも、市町村にホームヘルパーの増員を勧めても、「わが町にはそのニーズがない」「日本人は家に他人を入れたがらないので、ホームヘルプは伸びない」と言う否定的な反応しか返ってこなかった。

旧来の制度には、もう一つ致命的な欠陥があった。

全額税で賄う制度であるため、負担できる人には費用を支払ってもらう制度（応能負担）であったことだ。低所得世帯は無料か、極めて低い費用で老人ホームに入所できたが、普通のサラリーマン世帯であると、費用の全額負担か、相当高額の利用者負担が発生した。一方、老人医療費は無料だった（73年から82年まで）こともあり、要介護者が病院に集中し、入院医療の必要がないのに入院が続く、「社会的入院」を助長する結果となった。

これに対し、介護保険制度では、保険料が財源に加わり、財政基盤が安定した。利用者がサービスを直接選ぶことができ、費用の1割を負担すればサービスが受けられる（応益負担）。規制が緩和され、在宅サービスには営利法人も含め、多数の事業者が参入した。その結果、利用者数は飛躍的に増加し、提供されるサービス量も大幅に増えた。街には、介護の事業所や福祉用具のショップができ、高齢者の送迎車両が目につくようになった。急増する高齢者の介護ニーズを何とか受け止められる仕組みができた。

介護保険サービスを使うのは、ほとんどが75歳以上の高齢者である。戦後のベビーブームで生まれた「団塊の世代」が75歳以上となりきるのが２０２５年だ。その時までに必要な介護を提供できるようにしていかなければならない。さらに、この40年間に平均寿命は10歳以上延び、超高齢の要介護者が増えてきた。認知症の問題も深刻だ。介護の現場の困難性は確実に高まり、介護の量だけでなく、質が問われる時代となった。

介護保険の費用は、現在8・4兆円だが、2025年には19・8兆円と2・36倍になる見込みだ。問題は、その費用を賄えるかだ。現在、65歳以上の住民が負担する介護保険料は月額4972円（全国平均）で、年金から「天引き」されている。今後も保険料の上昇は避けられない。皆が負担する保険料や税で保障すべき介護とは何か、の優先度を厳しく見極めていく必要がある。

国民の約4割が高齢者になると見込まれるわが国で、すべての要介護者を施設で介護することは不可能であるし、望ましいことでもない。要介護になっても、可能な限り従来の生活を継続できることが理想だ。住み慣れた環境で、必要な医療や介護のサービスを受けられるように、外部から調達していくのが目指すべき方向だ。

高齢者が地域で暮らすうえでさまざまな困難はあるが、例えばゴミだしや電球の交換などは、近隣の手助けがあれば対応が可能だ。これらを介護保険で対応していくことは非効率だ。認知症の高齢者については、地域での見守りが有効である。このように考えると、介護の問題は、街づくりや地域づくりにたどり着く。

今年は、1963年に老人福祉法が制定されてから50年になる。人口の高齢化は、これまでは地方が先行していた。これからは首都圏などの大都市部が急速に高齢化する。都市向けの政策がぜひとも必要だ。戦後生まれが高齢者となり、高齢者自体も変化してくる。求められる対応も当然異ならざるをえない。

スウェーデンに駐在していた頃、政策担当者と話したことがある。彼らは「現在のスウェーデンの高齢者は、貧しい時代も経験しているので、現状の高齢者介護に満足しているが、68年世代が高齢者となる頃は、別の対応を考えなければならない」と語っていた。「68年世代」とは、パリ5月革命の頃に学生であった世代のことで、わが国の「団塊の世代」に相当する。

高齢化への対応は、先進国共通の課題ではあるが、日本は世界に類例のない超高齢社会の先頭を走っており、お手本はどこにもない。私たちは、英知を傾けてこの課題に立ち向かうしかない。そしてその経験は、いずれ高齢化を迎える新興国にとっても貴重な道標となろう。

(『朝日新聞』2013年1月18日)

認知症のケア

ありのままに生きる支えを

2004年のクリスマスの朝の新聞各紙は、「痴呆」という用語を以後「認知症」に改める旨の「お断り」を掲載した。前日に厚生労働省の『痴呆』に替わる用語に関する検討会」が「痴呆」を「認知症」に改めるべきだと提言したためだ。

「痴呆」という用語は、医学用語のDementiaの訳語として長く用いられてきた。しかし、専門家から不適切との声が上がった。高齢者の尊厳を傷つける表現であるだけでなく、その状態や症状について誤解を招き、早期診断や予防教室への参加が進まない一因にもなっている、と言うのだ。

私は「検討会」に見直しをお願いした当時の担当局長だった。替わる用語の公募をし、関係学会の意見や「家族の会」など当事者の要望も踏まえて、「認知症」という結論を得た。この言葉は予想をはるかに超えるスピードで定着し、担当者としては感慨深いものがある。

私と認知症政策との関わりは長い。

役所に入る前年の1972年に、有吉佐和子さんの『恍惚の人』がベストセラーになった。認知症の舅《しゅうと》を抱えて苦労する女性主人公を描いた小説であり、老人福祉への関心が高まった。そして、私の最初の配属先が老人福祉課であったこともあり、この問題に直面することになった。残念ながら、当時は認知症に対する有効な施策がほとんどなく、宿題として残った。

困っていたのは、日本だけではなかった。80年代前半、当時、日本より高齢化が進んでいたスウェーデンで勤務した。宿題の回答を求めて、多くの病院や各種の高齢者介護の現場を視察したが、認知症高齢者を介護する場面には、なかなかたどり着かなかった。八方手を尽くしてようやく案内されたのが精神科病院であった。福祉先進国でも、当時は精神科病院で対応するしかなかったのだ。

帰国後の86年、厚生省に「痴呆性老人対策推進本部」が設置され、事務局を務めた。この時は、そもそも認知症高齢者の数やその所在についてのデータも乏しく、暗中模索といってよい状態であった。

認知症の実態は、2000年から始まった介護保険制度の要介護認定によって、ようやく把握できるようになった。同時に、その深刻さも明確になった。要介護高齢者のほぼ半数が、誰かが注意していれば何とか自立できる、「日常生活自立度」2以上の認知症であり、施設入所者に至っては、8割に達した。10年のデータによれば、そうした認知症高齢者数は280万人（65歳以上人口の９・５％）であるが、その数は年々増加し、25年には４７０万人（同12・８％）に達すると見込まれている。

03年の高齢者介護研究会の報告書『２０１５年の高齢者介護』が指摘する通り、「これからの高齢者介護を考えていく上で、痴呆性高齢者対応が行われていない施策は、施策としての存在意義が大きく損なわれている」のだ。

この間、認知症のケアに前進が見られた。スウェーデンでは、80年代後半からグループホームが登場した。グループホームは、小規模な居住空間、なじみの人間関係、家庭的な雰囲気の中で、高齢者のそれまでの生活や個性を尊重しながら、生活そのものをケアとして組み立てていくものだ。わが国でも先駆的に取り組む事業者が現れていたが、介護保険によって急速に普及した。

介護保険がスタートして間もないころ、長野県にある認知症グループホームを訪ねた。既設の認知症専用の老人保健施設の向かいに、グループホームが新設されていた。グループホームで普通の暮らしを送る認知症高齢者の姿を見て、老人保健施設の入所者の家族からグループホームに移してほしいと言う声が上がり、職員からも配置転換の希望が出たという。無機質になりがちな空間で、数十人の高齢者を集団的に処遇する旧来型の施設より、少人数でそれぞれが個室を持ちつつ、それぞれのペースで暮らすことができるグループホームの良さが実証されていた。

その後も、小規模多機能型サービスや24時間対応の訪問介護など、認知症の人が地域で暮らし続けることを支援するサービスが制度化されている。昨年（2012年）、厚生労働省は、17年度までの「認知症施策推進5カ年計画」を打ち出し、施策を充実する方針を示している。

認知症高齢者をどこでケアすべきか、論議はなお続いている。昨秋、デンマークで会った認知症対策の専門家は、「30年前は、認知症高齢者を精神科病院に入院させていたが、今は皆無に近い」と語っていた。

先日東京で開かれた認知症政策に関する国際会議でも、「向精神薬を減らす」（イギリス）、「精神科への転科・転院は1％と少ない」（フランス）、「認知症の人の入院はない」（オランダ）、「行動心理症状を持つ人の精神科による治療はほとんど外来での治療」（デンマーク）、「精神科病院への入院を防ぐ」（オーストラリア）という報告が相次いだ。

わが国の認知症高齢者対策は、このような他国の成果も十分に踏まえて構築していかなければならない。

（『朝日新聞』2013年3月15日）

老人福祉法50年

利用者本位、大部屋から個室へ

1963年に老人福祉法が制定されてから50年になる。この法律によって、介護施設である特別養護老人ホームが誕生した。特別養護老人ホームは、「定員80人の施設がわずかに1施設あるだけ」（63年厚生白書）からスタートして、今日では7552施設、定員49万8700人を数えるまでになっている。

老人ホームは、今も昔も同じと思われるかもしれないが、この半世紀の進歩には著しいものがある。40年前に長野県松本市の老人ホームに調査に行ったことがある。まだ特別養護老人ホームが少ない時代で、訪問先は戦前の養老院の流れをくむ、低所得者を対象とする養護老人ホームであった。畳敷きの1部屋に8人の高齢者がひしめくように暮らしていた。「福祉元年」と言われた年のことであったが、福祉はまだまだ貧しかった。

先日、神戸市にある特別養護老人ホーム「須磨きらくえん」を訪問した。昨年4月にオープンした全室個室のユニット型の施設である。個室ユニット型とは、従来の集団的・画一的な処遇を改め、高齢者のそれぞれの生活リズムに合わせた個別的処遇を、自宅のような環境の中で目指す施設である。そのため、個人の居場所を確保する個室と小集団での関係性を生み出すリビングルームが施設の基本になっている。

須磨きらくえんは定員100人。10のユニットからなり、それぞれのユニットが10戸の個室で構成されている。各ユニットでは、共用のリビングルームを囲むように個室が配置されている。各ユニットはしつらえに独自の工夫がこらされ、ユニットごとの「家風」が感じられる。そこでは、スタッフも顔なじみとなり、家庭的な雰囲気の中で緩やかな時間が流れ、そのたたずまいは施設であることを感じさせない。

理事長の市川禮子さんは、83年に兵庫県尼崎市で特別養護老人ホーム「喜楽苑」を開設した方である。管理的な運営が一般的な時代に、入居者の自己決定を大事にする施設として評判が高かった。このホームは、市川さんにとって5番目の施設だが、2001年につくった4番目の施設「けま喜楽苑」から、国の制度化に先駆けて、個室ユニット型を採用した。

私は、80年代前半にスウェーデンで勤務し、帰国後、90年に厚生省の老人福祉課長となった。当時の特別養護老人ホームは、4人部屋が中心で、個室は定員の1割に限られていた。スウェーデンでは個室が原則だったので、個室化の推進について施設関係者に打診したが、否定的な答えしか返ってこなかった。「高齢者は大部屋のだんらんを好む」「個室にすると職員の移動距離が増え、負担が増す」「重度の高齢者に個室は不要」などがその理由だった。やむを得ず、個室の限度割合を3割に引き上げることにとどめた。

その後、留学先のスウェーデンから帰国した建築家の外山義氏の実証研究によって、大部屋では互いに隣のベッドの人が存在しないかのように振る舞い、「だんらん」は成立していないことが明らかになった。また、個室に転換した施設で職員の歩数を転換前後で比較したところ、個室化後にむしろ減少したといったデータも示され、4人部屋をよしとする神話は崩れていった。

市川さんも、4人部屋時代は、1人が風邪をひくと同室の全員が感染するし、ある人が騒ぐと全員が眠れないという、「健康権、睡眠権の侵害」があったが、個室化によって解消したという。

福岡県にある療養型の病院は、02年に病棟を個室化した。院長の有吉通泰さんによれば、見舞いの家族の居場所ができ、家族が患者とともに過ごす時間が増え、みとり後の家族の満足度も高くなったとのことだった。重度の高齢者には個室が不要、とは言えないのだ。

新たに個室のショートステイを設けた介護施設経営者からも、個室を一度利用した高齢者は、以後、4人部屋は選ばないとの報告を受けた。

このような先駆的な取り組みを踏まえ、02年から個室ユニット型の整備が国の補助対象となった。03年の介護報酬の改定で、個室ユニット型の報酬も設定され、制度化が完了した。11年10月時点で、個室ユニット型の施設は、特別養護老人ホームの施設数の36・8％、定員の27・8％を占めるに至っている。なお、居室数では、すでに全居室の3分の2が個室となっている。

市川さんの自己評価は、「須磨きらくえんは、個室ユニットケアが制度化されて国の基準通りにつくったもので、やや面白みに欠ける」とのことだが、長くこの分野の政策に携わってきた人間として、国の基準でこのような施設が実現できることは、感慨深いものがある。

今後の高齢者介護の課題は、この半世紀の間に発展を遂げてきた介護サービスを、施設内にとどまらず、地域の中で提供していくことである。特別養護老人ホームの使命は、地域のケアを支える拠点として、地域包括ケアに貢献していくことだ。

（『朝日新聞』２０１３年9月20日）

役所の仕事の仕方も変わった

『電子立国は、なぜ凋落したか』（西村吉雄著、２０１４年７月。日経ＢＰ社刊）を読んだ。読みつつ、本の主題と直接関係はないものの、私が役所やその周辺で勤務していたこの40年間は、ＩＴ化でオフィス環境が大きく変化した時期であることを再認識した。

入省し、最初の課に配属された時のことだ。通勤手当の支給に必要な書類を記入していると、職員が覗き込んで「これは大丈夫」という。私の字を見て、国会答弁の清書に使える戦力であることを確認したのだ。当時、国会答弁は手書きで、印刷は原紙をコピー用紙に焼きつけ、現像液に通してコピーする方式だった。原紙も巻き込まれて現像液に浸されてしまい、しばしば作業が中断した。ゼロックスのコピー機も局に１台あったが、印刷代が高く、書記（庶務係長）がキーを管理し、重要な書類しかコピーさせなかった。電卓が登場した頃であるが、当時の月給の半分もする高額機器であり、ベテランの課長補佐が「電卓を買ってくれ」と庶務に頼んでいた。

和文タイプも必要だった。閣議関係資料は特定の用紙（青枠）に和文タイプすることが求められるなど、重要書類の作成に必須だからだ。大臣官房や各局には和文タイピストが配属されていた。彼女たちのご機嫌を損ねず、できるだけ早くタイプを打ってもらえるように手配するのも若い事務官の「重要任務」であった。

係長の時代（1970年代の後半）に、先輩の課長補佐たちが東芝に見学に行って「ひらがなが漢字になり、横書きが縦書きになるすごい機械」（ワープロ）に興奮して帰ってきた。聞けば価格が数百万円であり、自分が現役時代に使えるようになるとは思えなかった。予想に反して、1984年にスウェーデンから保険局医療課に戻ると、1課に1台、大きなワープロが配置されており、若手が、手書きの原稿をワープロで「清書」するようになっていた。厚生省で大臣の国会答弁書が手書きからワープロ書きに変わったのは90年代初めのことである。

私自身がワープロを使い出したのは、老人福祉課長（1990年〜）の時代からだ。年金課長（92年〜）時代に部下に「マック少年」がおり、彼の指導でマックを使うようになった。その後、ウィンドウズに押されてマックが一時凋落し、残念な思いをした。

医療課は診療報酬改定を担当する課である。ある点数を引き上げた場合、医療費全体にどう影響するか、「影響率」を計算する必要がある。80年代半ばにおいては、その計算には統計情報部の大型コンピュータを回す必要があり、コンピュータの空き時間を確保するのが大変であった。数年後、医療課では初期のマックを使って影響率を計算し出した。

２０００年頃に、海外でプレゼンテーションしてきた部下から、帰国後「これからはパワーポイントが使えないと駄目だ」との報告があった。それまで厚生省では、全国都道府県の担当部長会議、担当課長会議などの資料は、ガリ版印刷物で、作成は外注だった。厚生省の庁舎の屋上には筆耕屋のプレハブがあった。資料作成の期間を10日前後見込まなければならず、その原稿の締め切りが早く、泣かされた。今日のように、会議当日の朝まで原稿を直すことができるのは、当時を思えば、夢のようである。

昨今の役所の資料を見ると、カラーでビジュアルになり、往年の資料と格段に良い出来栄えである。しかし、この資料の作成に要する労力は相当なものだろう。コピーも容易なため、皆が資料を求め、部数も膨大になる。果たして現在の職員の負担が軽減されているのかどうか、疑問だ。先の通常国会では、コピー＆ペーストによる誤った資料が国会で配布されて大問題となった。新たなリスクにもさらされているのだ。

昔と今とどちらが「幸福」であるかは難しいところだが、もはや引き返すことはできない。私たちは、この大変化に適応しなければならないのだ。

（「こくほ随想」２０１４年９月）

社会保障と税の一体改革

社会保障と税の一体改革

――進行中のレポート――

なぜ、いま、社会保障と税の一体改革か？

政府は、3月30日（2012年）の閣議で、消費税の引き上げなどを内容とする税制の抜本改正法案を閣議決定して、国会に提出した。この法案は、野田総理大臣が内閣の最重要課題として取り組んでいる「社会保障と税の一体改革」の一環をなすものである。この税制改正法案とともに、多くの社会保障関係の法案が国会に提出されている。これらの法案は今国会の最大の焦点となっている。

ここでは、今まさに進められている国会の審議と並行する形で、「社会保障と税の一体改革」について解説したい。可能な限りの「実況中継」も試みてみよう。

一体改革の枠組み

まず、社会保障と税の一体改革とは何か。

一体改革とは、①社会保障の充実と安定を図るための社会保障改革と②社会保障のための安定財源の確保と財政健全化を同時に達成するための税制改革を「一体的に実施」しようとするものだ。

わが国の社会保障は1961年に国民皆保険・皆年金が達成され、半世紀が経過している。この間、年金、医療・介護、さまざまな福祉の分野で大きな成果を上げ、社会保障制度は国民生活に深く定着してきた。今日、これらの制度なくして国民生活の安定は考えられないが、その社会保障制度についても多くの課題が指摘されている。これらの課題の解決と今後さらに進行する少子高齢化に対応するため、社会保障改革が必要になっている。

「一体改革」は、このような社会保障の改革とそのために必要な財源を確保するとともに、財政の健全化を同時に達成するための税制改革を行うものである。

具体的には、消費税率（現行5％）を2014年4月から8％に、15年10月から10％へと段階的に引き上げることとしている。そしてこの消費税はもっぱら社会保障の財源として充て、それ以外には使わないこととしており、「消費税の社会保障財源化」を図るものだ。国分の消費税は、年金、医療、介護及び少子化対策の4分野（社会保障4経費）にすべて充てられる。

では、なぜ、いま「一体改革」か。

まず、社会保障の規模が大きくなり、さらに年々増加していることが挙げられる。その社会保障の財源の確保が必要となる。社会保障の規模は、2011年度で107・8兆円（対GDP比22・3％）に達している。その半分が年金、3割が医療、2割が介護を含む福祉の費用に充てられている。これらの費用を賄うための財源は、保険料が6割（59・6兆円）、税が4割（39・4兆円）となっている（このほか、積立金の運用収入などがある）。高齢化の進展により、社会保障の費用は毎年着実に増加しており、必要とされる税財源も毎年1兆円を超える伸びになっている。

「一体改革」に向けた検討

一方、2012年度の国の一般会計の歳出は90・3兆円となっている。その使途は国債費が21・9兆円、地方交付税などが16・6兆円で、国債費および地方交付税を除いた「一般歳出」は51・8兆円になっている。この中で社会保障関係費は26・4兆円で、歳出総額90・3兆円の29・2％、一般歳出51・8兆円の50・9％を占め、最大の歳出項目になっている。税収は42・3兆円（歳入の46・9％）、その他収入が3・7兆円にとどまり、44・2兆円（歳入の49・0％）を公債金に依存する事態になっている。わが国の税収は1990年代初頭をピークに低迷・減少しており、リーマンショック後の4年間は公債発行額が税収を上回っている状況にある。この結果、わが国の債務残高の対GDP比は2011年で212・7％に達し、主要先進国中最高であり、わが国の次に債務規模が大きく、国債利回りが急騰したイタリアの132・7％を大きく上回っている。

このような財政状況を長く放置しておくことはできない。このため、政府は2010年6月に財政運営戦略を閣議決定し、国・地方の基礎的財政収支を少なくとも2015年度までに赤字の対GDP比を2010年度から半減し、遅くとも2020年度までには黒字化する、という財政健全化目標を定めた。この実現に向けた取り組みが求められている。

これまで見たように、社会保障は、逼迫している国家財政の中で一般歳出の過半を占め、なお毎年1兆円規模での増加が続く状態にある。加えて、わが国の社会保障制度が形成された1960年代、70年代と比較し、現在の経済社会情勢は大きく変化してきている。右肩上がりの高度経済成長は、過去のものになっている。非正規雇用の増大など雇用基盤の変化も著しい。家族の形態も大きく変わり、地域社会も大きく変わった。人口の高齢化と現役世代の減少が続き、高齢化に伴い増大する社会保障費用をどのように賄っていくかが、大きな課題となっている。

しかし、現在の社会保障制度は、これらの変化に対応できず、セーフティネットにさまざまなほころびが生じてきており、社会保障の機能の強化と制度の持続可能性を高める改革が急務になっている。

このような問題意識の下に、２０１０年10月に菅総理を本部長とする「政府・与党社会保障改革検討本部」が設置され、「一体改革」の検討が開始された。12月には「社会保障改革の推進について」が閣議決定され、11年半ばまでに成案を取りまとめることになった。これを受けて、政府・与党で検討が続けられ、２０１１年６月30日に「社会保障・税一体改革成案」を決定した。

２０１１年９月２日に成立した野田内閣は、「成案を早急に具体化する」とし、年末まで政府・与党で精力的な議論が重ねられ、２０１２年１月６日に「社会保障と税の一体改革素案」がまとめられた。２月17日には「素案」を踏まえて「大綱」が閣議決定され、これに基づき法案が作成され、与党の事前審査を経て、３月30日に国会に提出された。

（『信濃の国保』 ２０１２年５月号）

社会保障制度はどのように変わるのか？

国会では、５月８日からの衆議院本会議で、社会保障と税の一体改革の関連法案（具体的には、税制関連２法案、年金関連２法案、子ども・子育て関連３法案の７法案）の審議が始まった。「社会保障と税の一体改革に関する特別委員会」で５月18日から審議が開始され、連日、精力的に審議が行われている。5月末には与党民主党から野党に対し、法案の修正協議も呼び掛けられ、特別委員会の採決に向けての動きが始っている。

社会保障改革が目指すもの

わが国の社会保障制度の基本的な枠組みが形成されたのは、1960年代からであるが、それから今日まで半世紀が経過している。この間の社会経済諸情勢の変化は大きなものがあるが、現在の社会保障はそれらの変化に対応できず、今日「ほころび」が生じている。

例えば、60年代、70年代は経済の高度成長期であり、失業率は1％程度であった。1990年以降は経済の伸びはほとんどなく、失業率も5％と高く、被用者の3人に1人は非正規という状況だ。少子化が進み人口減少社会に突入するとともに、人口の高齢化はさらに続き、社会保障費は増大を続けている。国が負担する社会保障費用は、毎年1兆円を上回る規模で伸びているが、税収は予算の半分以下であり、社会保障の費用を子の世代に先送りしている状況である。

2012年度の社会保障の費用は109・5兆円に達すると見込まれているが、その7割近くは65歳以上の給付に充てられており、現在の社会保障は「高齢期集中型」になっている。若い世代の生活リスクが高まり、子ども・子育ての支援が必要であり、社会保障を「全世代対応」に変えていく必要がある。

このような現状を踏まえて、「一体改革」は、社会保障制度の機能の強化と持続可能性の維持のための社会保障改革と、そのための安定財源の確保と財政の健全化を同時達成を目指す税制改正を行おうとするものだ。

「一体改革」では、子ども・子育て支援の充実や医療・介護の安心の確保、雇用や貧困・格差問題への対応などを通じ、現役世代や将来世代への支援を強化し、すべての人がより受益を実感できる「全世代対応型」の制度を目指している。

先にも述べたとおり、税制改革は、消費税率を現行の5％から2014年4月に8％に、15年10月に10％へと段階的に引上げ、その財源はもっぱら社会保障の充実と安定化に使うものだ。15年における消費税の1％当たりは、2・7兆円（後に政府は、消費税率の10％への引上げ効果が満年度化する時点で消費税1％当たり2・8兆円と説明することとなった）であると見込まれている。5％の引き上げによって13・5兆円の財源が確保されることになる。その使途は、年金、医療、介護、少子化対策の「社会保障4経費」に充てられることになった。従来、国分の消費税は、年金、老人医療、高齢者介護の「高齢者3経費」に充てられてきたが、今回の改正で充当範囲が拡大されることになった。

社会保障の機能強化

消費税率引き上げで得られる財源のうち、1%相当分(約2・7兆円)は、社会保障の機能強化に充てられる。

① 子ども・子育て

未来への投資として、子ども・子育て支援拡充する。子どもをより生み、育てやすくするため、子ども・子育て新システムを創設し、待機児童の解消(3歳児未満の保育利用率の向上、放課後児童クラブの増加)、幼保一体化(小学校就学前の子どもに対する学校教育・保育の給付を一つにする)、地域の子育て支援の充実(地域子育て支援拠点の充実、一時預かり保育の充実)を図ることとしている。このため、2015年までに0・7兆円の公費が充てられる。

② 医療・介護

どこに住んでいても、適切な医療・介護サービスが受けられるように、医療・介護サービス提供体制の改革と、医療・介護の保険制度における低所得者の保険料負担軽減などの改革を推進する。このため、2015年までに1・6兆円の公費を充てることとするが、その詳細は後述する。

③ 年金

短時間労働省への厚生年金の適用拡大を行う。また、低年金者への年金の加算など「最低保障機能の強化」を図るとともに、厚生年金と共済年金の被用者年金の一元化を図る年金制度の見直しを行う。年金については、2015年までに0・6兆円の公費が充てられる。

④ 貧困・格差対策

低年金者への年金の加算や医療・介護の保険料の低所得者の軽減の強化など①〜③の分野において、1・4兆円の公費が低所得者対策の強化に充てられる。

また、消費税率の4%（10・8兆円）は、社会保障制度の安定化＝今の社会保障制度を守るために使われる。

基礎年金の国庫負担は、従来の3分の1から2分の1に引き上げられたが、その安定財源は確保されておらず、恒久財源の確保が課題となっている。年金の国庫負担2分の1（年金交付国債の償還費用を含む）の財源として、2・9兆円が充てられる。

消費税率引き上げに伴い、年金、診療報酬などについて社会保障支出の増があり、その費用として0・8兆円が支出される。

高齢化などに伴う増（自然増）や安定財源が確保されていない既存の社会保障費に、7兆円が充てられる。この7兆円は、現在、後代への負担のつけ回しとなっている部分の軽減に寄与し、財政健全化に貢献する。

国と地方を通じた社会保障安定財源の確保

医療、介護、子ども・子育てについては、国と地方が役割分担をしながら、社会保障制度を支えている。消費税率の引き上げにより得られる財源は、国と地方に配分されることになる。消費税は社会保障4経費に充てられるので、「社会保障4経費に則った範囲の社会保障給付における国と地方の役割に応じた配分」が行われ、国に3・46％が、地方に1・54％が配分される。地方分の1・54％は、地方消費税1・2％と地方交付税0・34％という内訳になる。

国、地方ともに全額社会保障財源化し、国民に還元され、官の肥大化には使われることはない。

（『信濃の国保』 2012年7月号）

これからの医療・介護について

現在、国会で審議中の「社会保障と税の一体改革」関連7法案については、衆議院の特別委員会で129時間に及ぶ審議が行われた。この間、民主・自民・公明の3党による修正協議が行われ6月15日に合意に達したことから、7法案についての修正案と新たに提出された「社会保障制度改革推進法案」が6月26日で衆議院で可決された。

3党合意においても、消費税を、年金、医療、介護、子ども・子育ての社会保障4経費以外に使わないこととしている「消費税の社会保障財源化」は、原案のとおり堅持されている。また、消費税率5％引き上げ分の財源を「社会保障の充実分」に2・7兆円（消費税率1％分）を充て、「社会保障の安定化分」に10・8兆円（消費税率4％分）を充てるという財源配分の枠組みも変わっていない。

今国会の会期は9月8日まで延長され、現在8法案は参議院に送付され、連日特別委員会で審議が行われている。

医療・介護のサービス提供体制の改革

1961年に国民皆保険が達成されて以来、医療保険制度が国民の医療を支えている。介護については、2000年に導入された介護保険制度によって、高齢者介護サービスの大幅な充実が図られてきた。今回の一体改革により、医療・介護はどのように変わるのだろうか。

厚生労働省は、「一体改革」の法案を国会に提出した3月30日に今回の改革を踏まえた「社会保障に係る費用の将来推計」を公表した。2012年度の社会保障の規模（給付費）は、109・5兆円であるが、2025年には148・9兆円と1・36倍になると見込まれている。

現在、年金は53・8兆円と社会保障給付費全体のほぼ5割を占めているが、2025年には、60・4兆円と1・12倍の増加にとどまる。この結果、年金の社会保障給付費全体に占める割合は約4割に低下することになる。

これに対し、2025年度までに増加が著しいのが、医療と介護である。医療は2012年の35・1兆円から2025年の54・0兆円と1・54倍の増加し、介護はこの間8・4兆円から19・8兆円へと2・36倍になる。現在、医療と介護の費用は、社会保障給付費全体の約4割を占めているが、2025年には約5割までそのシェアを拡大することになる。

かねてから、わが国の医療提供体制の課題として、国際的にみて病床数が多い一方、医師数・看護師数はそれほど多くなく、病床あたりの医療スタッフが少ないこと、入院期間が長く、医療機関間の機能の分化と連携が不十分であること、地域間や診療科間での医師の偏在がみられることなどが指摘されてきた。2000年代後半には、医療提供体制をめぐるさまざまな問題が噴出し、「医療崩壊」と呼ばれる状況が出現した。このため、自公政権下においても「社会保障国民会議」などが設置され、医療・介護の機能強化の必要性が指摘されてきた。

今回の「一体改革」においては、第一に、病院・病床機能の分化と連携の強化を目指している。このため、急性期医療に医療資源を集中投入することや、亜急性期・慢性期の医療の機能を強化することなど、入院医療の強化が目指されている。また、医師の偏在の是正、地域間・診療科間の偏在の是正なども掲げられている。

このような「病院・病床の機能の分化・強化と連携」に取り組む結果、平均在院日数の縮減などが見込まれている。具体的には、19〜20日程度である現在の平均在院日数は、2025年には高度急性期医療の場合は15〜16日程度、一般急性期医療の場合は9日程度になると見込まれている。また、病床数については、高齢化が進行するにもかかわらず、2025年においても概ね現状程度の病床数で推移すると見込んでいる。

第二に目指されているのは、在宅医療などの充実である。診療所における総合診療や在宅支援機能を強化・評価すること、訪問看護などを計画的に整備していくなどがその内容である。

第三は、「どこに住んでいても、その人にとって適正な医療・介護サービスが受けられる地域包括ケアシステム」の構築である。

「サービス提供体制の改革」は、病院や診療所などの医療提供体制の改革や地域における介護基盤の整備などが内容となるので、実現するまでに相当の時間を要する。2025年までに達成することが目標とされ、必要な法改正の実施と2025年までの間に実施される診療報酬や介護報酬改定によって、その実現を図ることとしている。

保険制度の改革

医療・介護の費用のファイナンスをする保険制度の改革については、保険者機能の強化を通じて、医療・介護保険制度のセーフティネット機能の強化・給付の重点化を目指している。セーフティネット機能の強化として、まず取り組まれるのが短時間労働者に対する被用者保険の適用拡大である。厚生年金の適用拡大と共通の課題であり、今回の改革では週20時間以上の労働者について、中小企業などの保険料負担の増大に配慮しつつ、段階的に実施することとした。このため、当初の対象者は「月額賃金8・8万円以上、勤務期間1年以上、学生は適用外、従業員501人以上」とされ、対象者数は約25万人と見込まれている

国保の財政基盤の強化も重要な課題であり、すでに市町村国保の財政基盤強化策の恒久化、財政運営の都道府県単位化の推進などを内容とする「国民健康保険法等の一部を改正する法律案」が国会で可決、成立している。

介護保険については、1号保険料について低所得者の保険料軽減を強化することとしている。

高額療養費の該当者が近年急増化していることを踏まえ、高額療養費制度について所得区分の見直しによる負担の軽減などを図ることが課題となっている。高額療養費の改善の財源として提案されていた「受診時定額負担」が認められなかったことから、必要な財源と方策を検討することが求められている。

さらに、セーフティネット機能の強化を図るため、「番号制度」の導入を前提として「総合合算制度」の導入も目指すこととしている。

また、医療改革をめぐる課題として、民主党がマニュフェストに掲げる「後期高齢者医療制度の廃止」がある。今回の「一体改革」で調達されることとなる消費税５％引き上げ分の対象経費には、「後期高齢者医療制度の廃止」は含まれていないが、２月17日に閣議決定された「一体改革大綱」では「平成24年通常国会に後期高齢者医療制度廃止に向けた見直しのための法案を提出する」とされている。

３党協議の結果まとめられた「社会保障制度改革推進法案」で、社会保障改革の基本的な考え方が示されるとともに、「社会保障制度改革国民会議」が設置することとされた。今後の高齢者医療制度のあり方について、１年間という期限を区切って検討されることになっている。

（『信濃の国保』２０１２年９月号）

「一体改革」の到達点
――わが国の医療・介護の将来像と制度改革の方向性――

現在進行中の社会制度改革

社会保障制度改革の経緯

現在、「社会保障と税の一体改革」（以下、「一体改革」という）の枠組みの下で、医療・介護分野の改革が進行中である。

一体改革は、2010年10月に民主党政権の下で着手されたものである。消費税増税の是非をめぐり民主党内の取りまとめは極めて難航したが、野田内閣は2012年3月に税制関連2法案、年金関連2法案、子ども・子育て関連3法案の一体改革関連7法案の国会提出に漕ぎ着けた。

衆議院における法案審議と並行し、自公民3党の修正協議が行われ、6月に3党合意が成立し、あらたに「社会保障制度改革推進法案」を加えて、8法案を成立させた（2012年8月）。なお、臨時国会でさらに年金関係2法案が成立し、一体改革関連法案はこれまで10法案が成立している。

「社会保障制度改革推進法案」では、社会保障改革について検討するため、社会保障制度改革国民会議（以下、「国民会議」という）を設置し、1年以内に結論を得るものとし、政府はその検討を踏まえて必要な法制上の措置を講じることが規定された。

2012年12月には、再び政権交代があり、第2次安倍内閣が成立した。安倍内閣は、3党合意の堅持を表明し、国民会議の検討が続けられた。13年8月6日には報告書が取りまとめられ、安倍総理に提出されている。

政府は、この報告書を踏まえ、13年の10月の臨時国会に「プログラム法案」を提出し、12月に成立させた。14年以降の社会保障制度改革は、このプログラム法の示す改革の方向性と工程表に基づいて進められている。

一体改革の枠組み

一体改革とは、①社会保障の充実と安定を図るための社会保障改革と②社会保障のための安定財源の確保と財政健全化を同時に達成する税制改革を、一体的に行うものである。

社会保障に必要な財源を確保するため、消費税率は２０１４年４月に５％から８％に引き上げ、15年10月には10％に引き上げることが法定されている。同時に、消費税の使途は、社会保障に限定することが定められている（消費税の社会保障財源化）。国については、消費税の使途は、年金、医療、介護、少子化対策の「社会保障４経費」に限定された。

消費税率１％当たりの税収は２・８兆円（２０１７年時点）と見込まれている。１％相当分は、社会保障の充実（機能強化）に充て、消費税率の４％相当分は、社会保障制度の安定化に充てるという配分が定められている。

社会保障の充実（機能強化）としては、既に「一体改革関連法案」として成立した子ども・子育て関連３法に基づき、子ども・子育てに０・７兆円が、同様に年金制度改正関連４法に基づき、年金に０・６兆円が充てられることとされており、医療・介護には１・５兆円が配分されることとされている。

２０２５年の社会保障

厚生労働省は、２０１２年３月に今回の改革を踏まえた「社会保障に係る費用の将来推計」を公表した。それによると、２０１２年度の社会保障の規模（給付費）は１０９・５兆円、対ＧＤＰ比22・８％であるが、２０２５年には１４８・９兆円と１・36倍になり、対ＧＤＰ比24・４％

に上昇する。

現在、給付費が53・8兆円と、社会保障給付費全体のほぼ5割を占めている年金は、2004年の年金制度改正の効果により、2025年度では60・4兆円と1・12倍の増加にとどまり、社会保障給付費全体に占める割合は約4割に低下する。

これに対し、医療と介護の増加が著しく、医療は、2012年の35・1兆円から2025年の54・0兆円と1・54倍に増加し、介護は、この間、8・4兆円から19・8兆円へと2・36倍になる。この結果、現在、社会保障給付費全体の約4割のシェアである医療と介護の費用は、2025年には約5割までそのシェアを拡大する。厚生年金の保険料は2017年度に18・3％の上限に達し、以後引き上げは行われないこととなっている。他方、医療・介護は費用の増加が著しく、給付と負担という観点からの社会保障論議の焦点は、医療と介護に移ることは必至である。

国民会議における検討

重点とされた医療・介護分野

国民会議の設置期限は1年間と法定され、社会保障制度改革推進法の施行が2012年8月22

日であったので、２０１３年8月21日がその期限であった。

国民会議は、清家篤会長（慶応義塾長）が繰り返し強調したように、社会保障制度改革推進法第2条に規定する社会保障改革の「基本的な考え方」および同法第5条から第8条までに規定する公的年金制度、医療保険制度、介護保険制度および少子化対策の「基本方針」に基づき、社会保障制度改革を行うために必要な事項を、専門家として論理的、実証的に議論を行ってきた。20回の審議を経て取りまとめられた報告書は、総論（第1部　社会保障制度改革の全体像）と各論（第2部　社会保障4分野の改革）からなるが、国民会議に最も期待されているのは医療・介護分野の改革の姿を描くことだと、会議の内外で認識されていた。

それは、医療・介護分野が、①社会保障4分野のうち「充実」（消費税1％充当分）のうち、未だ関係法案が提出されていない分野であること、②２０２５年までの給付費の増加が著しい分野であること、③社会保障改革において「充実」と合わせ「重点化・効率化」の同時実施が求められているが、医療と介護が最も「重点化・効率化」が期待される分野であること、④診療報酬、介護報酬の果たす役割が大きい分野であり、その改定の基本方針を示す必要があることか、らである。

報告書が示す医療・介護の改革の姿

国民会議の報告書が示す医療・介護の改革の姿は、以下のとおりである。

まず、消費税財源を充当する社会保障4分野の中で、医療と介護が2分野を占めたが、「医療・介護サービスの一体改革」が必要であるという観点から、各論では「II 医療・介護分野の改革」と両者は一括で記述されている。

次に、「国民皆保険の維持のためには、医療のあり方そのものが変わらなければなら」ず、医療提供体制の改革こそが最優先の課題とする。すなわち「国民会議の最大の使命は、(中略) 医療・介護提供体制の改革に魂を入れ、改革の実現に向けて実効性と加速度を与えることである」。

求められるのは「病院完結型」から「地域完結型」の医療への転換、「治す」医療から「治し、支える」医療へ、「上流」(高度急性期・急性期医療) から「下流」(慢性期、維持期) までの医療と介護の切れ目のない提供である。住民の日常生活圏域では医療と介護が手を携えて「地域包括ケアシステム」を構築していかなければならない、とする。

わが国医療の特色とされるフリーアクセスについては、「これまで、ともすれば『いつでも、好きなところで』と極めて広く解釈されることもあったフリーアクセスを、『必要な時に必要な医療にアクセスでき』という意味に理解していく必要がある」と、再定義している。この意味でのフリーアクセスを守るためには、「緩やかなゲートキーパー機能を備えた『かかりつけ医』の普及は必須」であるとしている。

そして、医療のあり方そのものの変化が求められる中で、「総合的な診療能力を有する医師（総合診療医）による診療の方が適切」になるという指摘や、報告書の随所にプライマリーケアの担い手として、「自分の健康状態をよく把握している身近な医師」、「総合診療専門医」、「地域診療所のネットワーク」などの必要性を記載するとともに、「地域の医師会」、「職能団体」の果たす役割の重要性が述べられている。

医療・介護提供体制の改革をいかに進めるか

報告書では、民間医療機関への依存度が高いなどの「医療問題の日本的特徴」を整理した上で、「制御機構のないままの医療提供体制という問題の克服」には、「データに基づく医療システムの制御」が必要であるとし、このための体制の整備を国が率先して行うべきことを提言している。

また、これまでの提供体制への診療報酬・介護報酬による誘導は、「効き過ぎるとも言えるほど効いてきた面があ」るが、地域ごとの医療・介護提供体制の整備のためには「全国一律に設定される診療報酬・介護報酬とは別途の財政支援の手法が不可欠」とし、「基金方式」を提案している。

さらに、医療提供体制の改革を実効あらしめる観点から、国民健康保険の保険者を都道府県にし、地域における医療提供体制に係る責任の主体と国民健康保険の給付責任の主体を都道府県が一元的に担うことを提起している。

地域医療ビジョン、医療計画と介護保険事業計画

報告書は、地域における医療ニーズとサービスを適合させるために、都道府県に対し、地域における医療機能ごとの医療の必要量を示す地域医療ビジョンの策定を求めている。

２０１５年からの第６期介護保険事業計画は、「地域包括ケア計画」として策定されるべきだし、介護保険事業計画と医療計画は、市町村と都道府県が共同して作成する一体的な「地域医療・包括ケア計画」とも言いうるほどに両者の連携の密度を高めるべきだとしている。

医療・介護の改革について

厚生労働省の改革案

厚生労働省は、２０１０年10月に「一体改革」の検討が開始されてから今日まで、医療・介護の改革に関して、病院・病床機能の役割分担と連携強化を内容とする「医療・介護機能の再編

（将来像）」を示すとともに、どこに住んでいても、その人に適切な医療・介護サービスを受けられる「地域包括ケアシステムの構築」を目標として掲げてきた。

その中で、現在の一般病棟入院基本料などの病床数については、「7対1」病床が多く、「13対1」「15対1」病床が少なく、「療養病床」がやや多い、「ワイングラス型」の配置になっていることを示してきた。2025年においては、現在約36万床ある「7対1」病床は、高度急性期病床として18万床で足り、一般急性期や亜急性期などの病床を増やし、全体としては「樽型」になるような病床配置としていく必要を訴えてきた。

また、2025年の医療・介護に係る長期推計の前提として、2025年までに「入院・入所」については「現状投影シナリオ」に対し、約60万人分程度の減少を見込み、これらの減少分は「在宅医療・在宅介護」のサービスの増大（具体的には、居住系・在宅介護利用者の増、グループホームや小規模多機能の増）で対応するという「改革シナリオ」を示してきた。

始動した一体改革

2014年4月から、法律の規定するとおり消費税率が8％に引き上げられ、「一体改革」の税制改正分が始動した。

また、２０１４年度の予算編成においては、消費税率の引き上げに伴い、初年度として約５兆円の消費税財源（増分）が確保されることとなった。このうち、２・95兆円は「基礎年金国庫負担２分の１の引き上げ」に、０・２兆円は「消費税引き上げに伴う社会保障４経費の増」に充てられ、０・５兆円が「社会保障の充実」に、１・45兆円が「後代への負担のつけ回しの軽減」に充てられることとなった。これを踏まえ、社会保障関係予算において、消費税財源で給付の上乗せに充てられる「社会保障の充実」の予算が初めて編成された。この予算で、約３０００億円が子ども・子育てに、約２０００億円が医療・介護に充てられることとなった（年金は、「遺族基礎年金の父子家庭への対象拡大」の10億円）。

２０１４年４月からの診療報酬改定においては、「入院機能の分化」「外来機能の分化」「在宅医療の充実」など、改定の主要な柱が国民会議の報告書の示す方向で行われた。

なお、「別途の財政支援」として基金の予算が、消費税財源で５４４億円に加え、公費３６０億円が手当てされ、９０４億円の基金が設置されることとなった。

プログラム法で規定する医療・介護関係改正法案として「地域における医療及び介護の総合的な確保を推進するための関係法律の整備等に関する法律案」が２月に国会に提出され、６月18日に国会で成立した。この医療介護総合確保推進法には19本の法律が盛り込まれており、施行作業に入りつつある。

今後の展望

このように「一体改革」は始動した。２０１５年には医療保険改正法案の提出が予定されるとともに、介護報酬の改定年でもある。改革に必要財源については、法律の規定する15年10月の消費税率10％への引き上げが予定通り実施されるか否か、今年末の総理の判断に懸っている。

プログラム法では、社会保障改革の進捗状況を管理するため、総理を本部長とし、関係閣僚からなる「社会保障制度改革推進本部」が２０１４年1月に設置された。

また、ポスト社会保障制度改革国民会議ともいうべき「社会保障制度推進会議」がプログラム法に基づき14年6月に設置された。この会議の設置期限は5年間とされており、２０２５年を展望しつつ、中長期的な改革についての総合的な検討を行うことがその使命である。

なお、「データによる制御」は国民会議が強く主唱しているところであるが、２０１４年7月に社会保障制度改革推進本部の下に「医療・介護情報の活用による改革の推進に関する専門調査会」が設置された。この会議では、国や都道府県ごとの医療費の水準のあり方を含め、ＩＣＴによる地域横断的な医療介護情報の活用方策の調査、検討を行うこととしている。

（『公衆衛生』２０１４年12月）

地域医療介護総合確保推進法の成立

6月22日に今年（2014年）の通常国会が閉幕した。

この国会で、政府提案の「地域における医療と介護の総合的な確保を推進するための関係法律の整備等に関する法律案」（地域医療介護総合確保推進法案）が6月18日に可決成立した。

昨年12月に成立した「持続可能な社会保障制度の確立を図るための改革の推進に関する法律」（いわゆるプログラム法）で、政府はこの通常国会に医療制度と介護保険制度の改正法案を提出することが義務づけられていた。地域医療介護総合確保推進法案は、この規定に基づき国会に提出されたものである。この法律の成立によって、①この4月からの消費税率の引き上げ、②その財源を社会保障に充てることを盛り込んだ今年度予算、③やはり4月から実施された診療報酬改定とあわせて、「社会保障と税の一体改革」のフルラインが揃ったことになる。

「一体改革」では、医療・介護分野について、2025年度までに「あるべき医療・介護の提供体制」を構築していくことが目標とされている。これまでのわが国の医療政策の歩みは、老人医療制度を含めた医療保険各法の改正の歴史であり、医療費をいかに賄っていくかというファイナンスをめぐる改革がほとんどであった。これに対し、医療サービスの提供体制（デリバリー）に関する改革は、皆保険の成立から四半世紀が経過した1985年にようやく医療法の改正が行われ、病床規制制度がスタートしたことにみられるように、立ち遅れており、その後の経過も遅々たるものであったと言わざるを得ない。

だからこそ、2012年の3党合意に基づき、自民党が主唱して作られた社会保障制度改革推進法によって設置された社会保障制度改革国民会議（国民会議）では、国民皆保険を維持するためには医療そのものが変わらなければならないし、医療提供体制の改革が必須であるとする報告書を2013年8月6日に取りまとめたのであった。

国民会議は、「制御機構がないままの医療提供体制」がわが国の医療の一番の問題であるとしている。医師が医療法人を設立し、病院などを民間資本で経営するという形（私的所有）が「医療問題の日本的特徴」であり、そこでは政府が強制力をもって改革ができないので、「データの可視化を通じた客観的データに基づく政策」、「データによる制御機構をもって医療ニーズと提供体制のマッチングを図るシステムの確立」が必要であるとする。

このたび成立した地域医療介護総合確保推進法では、医療機関が都道府県知事に病床の医療機能（高度急性期、急性期、回復期、慢性期）などを報告し、都道府県は、それをもとに「地域の医療提供体制の将来あるべき姿」＝地域医療構想（ビジョン）を策定し、医療計画に盛り込むことが求められている。

この病床機能報告制度とは、医療機関がその有する病床において担っている医療機能の現状と今後の方向を選択し、病棟単位で都道府県に報告するものである。２０１４年10月から実施される。都道府県は、15年度から地域の医療需要の将来推計や報告された情報などを活用して、二次医療圏ごとの各医療機能の将来の必要量を含め、その地域にふさわしいバランスのとれた医療機能の分化と連携を適切に推進するための地域医療ビジョンを策定し、医療計画に新たに盛り込まなければならない。

診療報酬制度において２００３年から導入されたＤＰＣのデータや、近年急速に進んだレセプトデータの電子化が「データに基づく制御機構」の実現可能性を高めてきた。国は、都道府県における地域医療構想（ビジョン）策定のためのガイドラインを作らなければならない。国民会議は、データ解析のために国が率先して官民の人材を結集して先駆的研究も活用し、都道府県・市町村との知見の共有を図ることが提言している。これを受け、政府の社会保障制度改革推進本部に専門調査会が設置されるなどの体制整備も図られている。

（「こくほ随想」２０１４年７月）

国民健康保険制度の歴史的な転換点に立って

２０１４年11月に消費税の引き上げが1年半先送りされるとともに、２０２０年度のプライマリーバランスの黒字化という目標は達成するという政府の方針が示されている。そこで、消費税10％から先の姿を描く必要があるとの声があがるとともに、社会保障の抑制こそが本丸だとの指摘が各方面からなされている。社会保障費の「異常な伸び」は放置できないとされるのだ（14年12月4日、日経新聞「経済教室」の伊藤元重教授）。

政府は、２０２５年度までの社会保障給付費の将来推計を公表しているが、それによると25年度までに全体の給付費は1・36倍となるが、年金の伸びは鈍化（1・12倍）するとともに、医療と介護の伸びが大きいとされる（それぞれ1・54倍、2・34倍）になるとされている。まさに医療と介護がこれからの社会保障論議の中心となる。

医療については、国民皆保険についての国民の支持は大きい。国民皆保険を否定する論議はほとんどないし、国民皆保険の維持を謳わない政党はない。２０１２年8月に成立した社会保障制度改革推進法第6条においても、皆保険の維持が規定されている。皆保険の維持は国民的コンセンサスといってよい。

この皆保険制度を法制的に担保しているのが、国民健康保険である。被用者保険に加入するなどしている者（2008年4月からは75歳以上の者も加わる）を除き、すべての者の受け皿としての国民健康保険制度があることによって、皆保険が成立しているからだ。1961年に国民健康保険法が完全実施されることによって、皆保険が達成されたのである。

しかしながら、「国民皆保険制度の最終的な支え手（ラストリゾート）である、国民健康保険」（社会保障制度改革国民会議報告書）のこの半世紀余にわたる歩みは苦難の連続であった。60年代、70年代には高度経済成長による産業構造の変化の直撃を受け、本格的な高齢社会となった90年以降は年金受給者の急増によって、また、2000年以降の非正規雇用者の増大などが、国民健康保険の被保険者の構造を大きく変えた。低所得化、高年齢化が、財政基盤を大きく揺るがせてきたのである。それに追い打ちをかけるように少子化、社会移動による人口減が加わっている。

2010年10月から検討が開始された社会保障と税の一体改革の枠組みの下で、社会保障改革が進行中だ。その工程管理をしているのが13年12月に成立したプログラム法であり、同法の規定に従って、14年には医療介護総合確保推進法の成立をみた。15年は医療保険制度の改正の年である。

2015年2月20日の社会保障審議会医療保険部会に、「持続可能な医療保険制度を構築するための国民健康保険法等の一部を改正する法律案」が示された。まさに、国民健康保険の財政の安定化が法改正の中心となっている。18年度から都道府県が財政運営の責任主体となり、国保運営に中心的な役割を担い、制度を安定化させることとなった。１９６１年の皆保険の達成が、地域保険としての国保の保険者を市町村として義務化して以来の、制度の骨格に関する大改革だ。

このためには、公費拡充による財政基盤の強化が不可欠となる。国は、国保に対し14年度に実施した低所得者向けの保険料軽減措置の拡充（約５００億円）に加え、毎年約３４００億円の財政支援の拡充などを実施することにより、財政基盤をさらに強化することとした。この公費３４００億円は、現在の国保の保険料の総額（約３兆円）の１割を超える規模であり、被保険者一人当たり約１万円の財政改善効果があると説明されている。

地域住民と身近な関係にある市町村は、引き続き重要な役割を果たさなければならない。資格管理、保険給付、保険料率の決定、賦課・徴収、保健事業など、地域におけるきめ細かい事業を担うのである。

医療・介護の持続可能性が問われる中、今回の医療保険制度改正は、まさに皆保険の維持のため、国民健康保険制度の改革を中心に据えた。この改革が実を結び、国民健康保険制度において新たな歴史が刻まれることを期待したい。

（「こくほ随想」２０１５年３月）

消費税と社会保障

2014年11月21日に衆議院が解散され、総選挙となった。直前の17日に今年第3四半期（7〜9月）のGDPの速報値が発表され、マイナス1・6％という予想外の低さで衝撃が走った。翌18日に安倍首相が記者会見し、法定されていた15年10月の消費税率10％への引き上げを1年半延期するとともに、解散を表明した。今回の解散を、総理自らは「アベノミクス解散」と名付けているが、消費税率引き上げの先送りが直接の引き金であった。

周知のように、現在進行中の社会保障改革は「社会保障と税の一体改革」の枠組みで行われている。社会保障財源として消費税率を14年4月に8％への引き上げ、さらに15年10月に10％に引き上げることを前提としている。この財源の保障の下に、年金、医療、介護、少子化の4分野の改革が組み立てられてきた。そして、社会保障改革の進め方は、13年12月に成立したプログラム法で規定されている。14年の通常国会で「医療介護総合確保推進法案」が成立したのも、15年の国会に医療保険制度改正法案の提出が求められるのも、以上の枠組みで決められているからだ。

そもそも消費税導入以来、この税と社会保障のかかわりは深いものがある。1989年4月に税率3％で導入された消費税は国民に極めて不評であり、直後の参議院選挙で自民党は過半数割れし、「ねじれ国会」が出現した。社会党は，消費税廃止法案を提出し、参議院では可決される始末であった。政府としても国民の理解を得るため必死となり、当時の野党であった公明党・民社党からの要望が強い老人福祉対策の充実を目指すこととなった。このようにして、89年末の予算編成で「老人保健福祉推進10カ年戦略」（ゴールドプラン）が策定された。長らく福祉界は、長期的な福祉計画の策定を切望してきたが、予算単年度主義の厚い壁に阻まれ実現しなかった。それが、このような経緯で実現したのである。

93年には細川連立政権が成立した。94年2月に細川首相は、突如、消費税率7％とする「国民福祉税」構想を発表した。しかし、国民福祉税の使途について詰めの甘さを露呈し、この構想は数日で撤回された。この騒動を通じ消費税財源の使途として社会保障が強く意識されることとなった。これを受けた、当時の厚生省は新たな税財源が確保されるならば高齢者介護に重点的に充てるとする方針を固め、以後、介護保険創設に向けてひた走ることとなった。

引き続き自社さ政権の下で、90年代半ばの消費税率の引き上げを見越して、95年には「新ゴールドプラン」と「エンゼルプラン」が、96年には「障害者プラン」が、それぞれ開始されることとなった。

97年4月に消費税率は5％に引き上げられたが、同年秋には、世界同時株安が生じ、国内では三洋証券、拓銀、山一證券が破綻する金融危機が生じ、経済は急速に失速した。同時期に実施された健康保険の患者負担の引き上げが、消費税の引き上げとともに経済を失速させたとの批判も高まった。

その後、長らく消費税引き上げは封印されてきたが、民主党政権の下で「一体改革」の検討が開始された。民主党内では増税の是非で厳しい対立が生じたが、なんとか議論を取りまとめ、税制改正2法案と社会保障関連5法案が国会に提出された（12年3月）。同年6月には「3党合意」が成立し、「一体改革」の枠組みが固まった。14年4月の消費税率8％への引上げとともに社会保障制度改革も実施に移され、「一体改革」がまさに始動した。

今回の「引き上げの先送り」が社会保障に及ぼす影響は極めて大である。消費税収が当初予定より減少するので、財政運営は厳しい。それでも15年度は8％への引き上げの満年度化効果で消費税収が若干増加する。16年度はそれもなく、改革の後退が懸念される。

良質で効率的な医療提供体制の確立と地域包括ケアシステムの構築のためにも、「一体改革」の枠組みの堅持が必要だ。

（「こくほ随想」２０１４年12月）

財務省と社会保障

社会保障費は15年間で「1・88倍」

最初に、社会保障と財務省の関係を押さえておこう。

まず、社会保障の財源の3割を拠出（税財源のうち国負担分）するステークホルダーとしての財務省がある。今年度（2015年度）の社会保障給付費は116・8兆円に達するが、その財源は保険料が64・8兆円、税が44・7兆円である。税財源のほぼ4分の3を国が負担している。このように、国は社会保障の財源の有力な負担者だ。この国の立場を体現するのが財務省だ。かつて、国の審議会には、官僚OBが委員で入っていたが、医療保険や年金に関して審議する社会保険審議会の委員には、財務省OBが指名されていた。

第二は、政府の予算編成作業を担う財務省である（主計局）。霞が関の暮らしは、毎年8月31日が財務省への提出期限となる次年度の予算要求の作成、年末の政府の予算案編成に向けての折衡（財務省から見れば査定作業）、年明けから3月まで続く衆参の予算委員会での審議、新年度に入ると次年度の予算要求への仕込みと、予算作業のカレンダーの下で営まれている。

社会保障財源のうち国の負担分は、当然予算に計上しなければならない。15年度予算の国の歳出は96・3兆円であり、その中で社会保障関係は31・5兆円となっている。歳出のうち国債費と地方交付税を除いた一般歳出（中央省庁の政策に充てられる予算）は57・3兆円であり、社会保障関係費はその55％を占める。

2000年度から15年度までの国の歳出の推移を見ると、社会保障関係費は15年間で1・88倍になっているのに対し、公共事業関係費は2000年度と比べて36・7％減、教育費は18・9％減、その他経費が8・8％減と軒並予算を減らしている。わずかに防衛関係費が15年度に初めて2000年度比で0・9％増となったにすぎない。つまり、他の政策経費を削って、ひとり社会保障予算が伸びている形となっている。

他方、96・3兆円の歳出を賄う歳入はといえば、税収やその他の収入を合わせても60兆円に達せず、36・8兆円を新たに公債で発行しなければならない状況だ。

そもそも財政の憲法ともいえる財政法では、第4条で建設国債以外の公債の発行を禁じている。戦後20年間にわたりこの収支均衡の原則が守られてきたが、東京オリンピック後の不況の際、初めて特例公債（赤字国債）が発行された。石油危機後の1975年度からは、特例公債の発行が恒常化し、89年度まで続いた。バブル期の経済好調を受けて90年度から一時的に特例公債から脱却することができたが、その後、税収の落ち込みが著しい中で歳出の増加が続き、94年度以降は毎年巨額の特例公債に頼っている。

「財政均衡論者」としての厚労省

財務省にとって、いまや社会保障関係費を抑え込むことは最優先の課題だ。財務省の意向は、去る6月30日に閣議決定された「骨太方針２０１５」で、18年度までの3年間の社会保障関係費の伸びを「高齢化による伸びの増加分」１・５兆円程度に収めることを目指すと明記したことに表れている。

第三は、税制を所管する財務省である（主税局）。シャウプ勧告によって、戦後のわが国の税制は所得税中心に組み立てられた。経済の高度成長期には自然増収が生じ、減税が政治の焦点となり、減税が恒例となった。以後、基本的に増税ができない状態が続いた。消費税の導入時も、3％から5％への税率の引き上げ時も、減税が先行し実質増税とはならなかった。

第四は、首相官邸を支える財務省である。わが国では、各省庁の縦割りが強く、長らく内閣機能の強化が課題であった。総理秘書官、官房長官秘書官、官房副長官秘書官、官房副長官補など首相を支える官邸スタッフは、その多くが財務省からの出向者で占められている。「政高党低」といわれ、官邸主導が強まる中で、首相以下、政府要人の情報は、すべて財務省が把握できる体制となっている。

第五に、政と官の関係で最有力官庁と目される財務省がある。「官僚支配」を嫌い、「政治主導」を目指す立場からは、財務省は「役所の中の役所」として攻撃のターゲットとなる。財務省から予算編成権を切り離そうという構想は繰り返し登場してきた。民主党政権の首相直属の国家戦略局構想などは、その典型であった。

このように財務省には多様な側面があり、社会保障と財務省の関係も、具体的な場面でどの立場の財務省が作用するかで、かなり様相が変わってくる。一般にイメージされるのは「財務省が歳出削減の立場から、社会保障行政を所管する厚生労働省に迫る」という構図だろうが、実際はそう単純ではない。財政の収支均衡論者という意味では、むしろ財務省より医療保険財政を所管する厚生労働省保険局の方がその趣が強いかもしれない。

医療保険者は、国家財政のように特例公債を発行できないので、ある意味で財務省以上に収支均衡を目指さなければならない。手段としては、収入を増やすか（保険料の引き上げ）、支出を減らすか（給付率の引き下げ＝患者負担の引き上げ、診療報酬の引き下げなど）である。皆保険達成後、今日までの半世紀余の医療保険制度の改革の歴史は、その繰り返しである。このようにして医療や年金の保険料は引き上げられ、保険料の総額は64・8兆円に達している。この額は、15年度の国税徴収額の54・5兆円を大きく上回っている。

社会保障改革をかつて厚生省が主導した例を挙げてみたい。「増税なき財政再建」をスローガンにした1980年代前半の第2臨調の時期の話である。この時期、老人医療費の無料化を廃止し、老人医療制度を創設した老人保健法の制定、被用者本人1割負担を導入した健康保険法の改正、基礎年金制度を創設した85年の年金改正、病床規制を導入した第一次医療法改正など、社会保障改革が相次いだ。

これらの改革は、73年の「福祉元年」以降の社会保障の懸案を、第2臨調の「福祉見直し」という追い風を得て、厚生省が構想し、一気に片づけたものと評価できよう。もちろん当時の大蔵省が全面的にバックアップしたことも確かであるが。

別のパターンの社会保障改革は、小泉内閣時代のものである。2001年に成立した小泉内閣では、中央省庁再編の際に創設された経済財政諮問会議を活用し、与党の自民党との対立も辞さないスタンスで、「官邸主導」の構造改革に取り組んだ。02年の医療保険改革、04年の年金改革、05年の介護保険法改正などがその例だが、しばしば官邸対自民党族議員という対決構図となり、「厚生労働省・財務省」が自民党厚生労働部会と対峙する形で改革が進行した。

厚労・財務の「呉越同舟」による一体改革

財務省は、言われるほど最強でもない。本当にそうであれば、現在のような「借金大国」にはなっていないだろう。

橋本内閣は、財政構造改革に取り組んだ。97年度を「財政構造改革元年」と位置付け、2003年度までに国と地方の財政赤字の対GDP比を3％以内とすることを目標として設定。2000年までの3年間を集中改革期間とし、これを担保するため97年11月には財政構造改革法を成立させた。社会保障、公共事業など個別分野について、定量的削減目標を具体的に規定し、98年度予算は対前年度の伸び0・4％という緊縮予算を編成した。

しかし、97年秋には金融機関が破綻し、深刻な不況となった。98年度には2度の大型補正予算が組まれ、財政構造改革は挫折した。98年12月には財政構造改革法も停止法の成立で命運が尽きた。

ちなみに98年4月の診療報酬改定は、84年改定以来のマイナス改定であったが、この財政構造改革の産物であった。

現在進行中の社会保障改革は、「一体改革」の枠組みで行われている。その形成過程を見ておこう。

「骨太方針2006」が小泉内閣の最後の骨太方針であるが、2007年度以降5年間にわたり、毎年、社会保障関係費の伸びを2200億円削減することを決めた。後継の歴代内閣は、この予算編成に苦しむこととなった。この時期、セーフティーネットのほころびも目立つようになった。福田内閣以降、社会保障の機能強化への路線変更も模索されたが、実現しないまま、2009年9月の民主党への政権交代に至った。

民主党政権の看板のマニフェストには、子ども手当、農家の戸別所得補償制度、高速道路の無料化、公立高校の無償化などが列挙されていた。その実現には16・8兆円の財源が必要とされ、政権に就けば簡単に捻出できるとしていたその財源は、ついに確保されなかった。財務省は、東日本大震災や世界経済の減速の中での財政運営に直面した。厚生労働省は実現困難なマニフェストの社会保障政策に苦しんだ。10年夏の参議院選挙で「ねじれ国会」となり、野党の協力がないと法律が成立しない事態となった。

このような中で、民主党が目指した国家戦略室の政策決定ラインではなく、官房長官—官房副長官—官房副長官補室という従来の政策決定ラインで、社会保障改革と財政再建の二兎を追い、「消費税の引き上げとそれの社会保障財源化、その枠組みでの財政再建への一定の寄与」という枠組みが構想された。厚生労働・財務の呉越同舟とも言えよう。内閣官房に事務局として置かれた社会保障改革担当室も、主力は厚生労働と財務の混成部隊であった。

厚労省出向者が「査定」作業

最後に、予算編成作業の現場はどうか。予算編成作業に当たる主計局を考えてみると、時代時代によって予算編成の重点が異なってくる。主計局長が主計官時代に何を担当してきたかを調べると、その推移がうかがえる。戦後、農林担当主計官経験者が主流であり、その後、公共事業担当主計官に移り、最近では厚生担当主計官が目につくようになっている。

厚生省と大蔵省は1970年代前半から人事交流を始めた。最近では、厚生労働担当の主査(各省庁の補佐クラスに該当)、主計官(課長クラス)には、厚生省・厚生労働省に出向した経験者が配置されることが多い。現在の財務省の事務次官は、厚生省に係長として出向した経験がある。彼は厚生担当主計官も務め、主計局長を経て次官に就任した。現在の厚生労働担当主計官も厚生労働省に出向していた。

このように相手の「手の内」を熟知した人間が査定作業に当たっているので、厚生官僚と同じ程度に「現状を知っている」と考えるべきであろう。

所得の再分配を行う社会保障は政治そのものである。負担なくして給付はない。国民に耳触りの良い給付を約束して、負担を求めることをためらう政治であれば、それこそが社会保障にとって最大の敵である。

（MEDIFAXweb　２０１５年12月18日）

活用が望まれるマイナンバー制度

２０１３年5月の国会で「番号関連4法案」が成立し、社会保障と税の分野に用いる番号（マイナンバー）制度の導入が決まった。現在、政省令の整備、必要なシステムの構築が進められている。番号を利用できるのは社会保障と税、それに防災に関する分野に限られ、具体的に法律の別表で93項目が限定列挙されている。15年10月に国民一人一人に番号が渡され、16年1月から順次、番号の利用が開始される。

番号制度の導入は、長年の課題であった。１９６０年代から番号制度導入の議論があったが「国民背番号制」といわれて反対され、その検討は遅々として進まなかった。１９８０年にグリーン・カード（少額貯蓄等利用者カード）が法制化されたが、関係者の反発が強く実施が延期され、85年には廃止された。このような挫折の歴史から、番号制度はその必要性は認識されながら、今日まで先送りされてきた。もし、早期に番号制度が導入されていれば、「消えた年金記録問題」はあのような形で深刻化することはなかったであろう。

私たちは生涯を通じ、年金、医療、介護、保育などが必要になる。制度を利用するためには、手続きをしなければならない。例えば、あなたが勤め先を退職して市町村の国民健康保険に加入する場合、市町村に申し込みをするためには、被用者保険の資格がなくなったという証明書が必要になる。これまでは、各人が自分で証明書を取得し、申込書に添付しなければならなかった。マイナンバーの導入によって、本人は市町村に申し込みをすれば、市町村と被用者保険の間で必要な確認は「情報提供ネットワーク」を通じた情報のやり取りで行われるので、従来のような添付書類は不要になる。その分の手間が省けるのだ。

番号制度は、多くの機関に散在するその人の情報が、その人の情報であることの確認を行うための道具である。番号制度によって、散在する情報が本人の情報であると確認でき、必要な情報を集めること（名寄せ）ができる。

利用者の利便性が向上するし、国や地方では、各種の行政事務の効率化が進む。番号制度の活用によって、より正確な所得把握ができ、真に手を差し伸べるべき人に的確に必要な支援が行われるようになる。従来に比較して、より公正・公平な給付と負担が確保される。このように番号制度は社会保障・税制度の効率性・透明性を高め、国民にとって利便性が高く、公平・公正な社会を実現するためのインフラ（社会基盤）である。

医療分野については、保険給付の支給、保険料の徴収に関する事務にマイナンバーが用いられるが、現時点では病歴などの医療情報は対象にはなっておらず、今後の検討課題とされている。長寿化が進み、健康寿命の延伸が求められる。生活習慣病の予防、介護の重度化の予防などが緊要な課題だ。だが、わが国の国民皆保険制度は、被用者保険、国民健康保険、後期高齢者医療と3つの制度に分かれ、数多い保険者が分立している。このため、生涯にわたる健康情報のフォローが非常に困難であった。マイナンバーによって名寄せができれば、予防と治療の情報の突合せが可能になり、健康増進や予防についての知見が得られ、この分野の進化に貢献することとなろう。

私は、2010年10月から内閣官房社会保障改革担当室長を務めたが、番号制度の創設も当室の任務であった。番号法案は、一昨年（2012年）2月にも国会に提出されたが前の通常国会では審議に入ることなく、11月に衆議院が解散により廃案となってしまった。今回成立した法案は、前回の法案に、与党（自公）の修正意見を盛り込んで、改めて出し直したものだ。

この間、番号制度の認知度は低かったため、全国47都道府県で「社会保障・税番号制度」の説明と対話を行うシンポジウムを、内閣官房の主催で開催した。私も17道県に出向き、「政府説明」を行うとともにシンポジストを務めたので、マイナンバーについてはその分思いが深い。是非、所期の成果を上げてもらいたいものだ。

（「こくほ随想」2014年10月）

日本の高齢者介護

この半世紀の高齢化のインパクト

２０２０年の東京オリンピックの開催が決まったが、今年は１９６４年に東京オリンピックが開催されてから50年である。このオリンピックの開催に合わせて、高速道路が整備され、東京の街は大きく変わったし、開会式の直前に東海道新幹線も開業した。

わが国で老人福祉法が制定されたのは、この東京オリンピックの前年（63年）である。わが国の社会保障の骨格である国民皆保険・皆年金が達成されてから、わずか2年後のことだ。筆者は、その10年後の１９７３年に旧厚生省に入省したが、最初に配属されたのが老人福祉課で、公務員として最初に担当した法律である老人福祉法には思い入れが深い。

１９６０年のわが国の人口は９０１５万人で、1億人には達していない（ちなみに1億人に達したのは70年）。65歳以上の人口は５３９万人で、高齢化率（総人口に65歳以上人口の占める割合）は５・７％であり、15歳未満の年少人口は２８４３万人もいる「若い国」であった。その頃の平均寿命は、男65・32歳、女70・19歳である。国民年金の支給開始年齢は65歳であるので、長い年金受給期間は想定されていなかった。

65歳以上の者の子との同居率は79・9％であり、高齢者は家族と同居するのが一般的であった。したがって、老人は家族が面倒を見るものであり、老人問題はないものと考えられてきた。問題があるとしても「身寄り」がなく、かつ、貧困であるという例外的なケースであり、そのような例外的な老人は、戦前においては民間の篤志家による養老院によって世話がなされてきた。戦後は、生活保護法の養老施設が受け皿となってきた。

老人福祉法によって、所得の高低に関わりなく、身体上または精神上の障害を持つ高齢者のニーズに対応する新型老人ホームである「特別養護老人ホーム」が創設された。特別養護老人ホームは、63年に1施設定員80名からスタートした（昭和38年版厚生白書）。同時に、生活保護法の養老施設は老人福祉法の「養護老人ホーム」として引き継がれた。

今日、私たちは特別養護老人ホームを「介護施設」と呼んでいる。そもそも「介護」という用語は、老人福祉法で特別養護老人ホームを定義するために用いられた言葉である（「常時の介護」を必要とする高齢者の入所施設＝特別養護老人ホーム）。この言葉が、広辞苑に収録されたのは、83年12月の広辞苑第3版からであり、その当時ですら「介護」という言葉は一般的には使われていなかった（増井元著『辞書の仕事』岩波新書）。

老人福祉法の制定に伴い、政府は100歳以上の老人の表彰事業をはじめ、100歳以上の者を把握することになった。63年の１００歳以上老人は１５３人であった。今日、総人口は1億２７５１万人となり、高齢者数は３０００万人を超え、高齢化率は24・1％となっている（２０１２年）。平均寿命は、この間に15歳も伸びた（男79・94歳、女86・41歳）。１００歳以上の人口は、現在では6万人を超えている。子との同居率は、ほぼ直線的に低下を続け43・２％となった（２００９年）。特別養護老人ホームは７５５２施設となり、49万８７００人が入所している。

１９９０年以降、経済の長期的低迷が続き、社会保障を取り巻く環境は激変した。給付と負担の均衡を図るため、年金、医療の分野では累次の厳しい見直しが重ねられてきた。そのような中で高齢者介護分野は、90年のゴールドプランの制定、２０００年の介護保険制度の導入によって飛躍的な発展を遂げてきた。

この半世紀間の長寿化と一方で進行する少子化が、わが国を先進工業国中で最も高齢化率の高い社会に押し上げて、われわれは前人未到の高齢化の領域に突入しようとしている。かつてのような「先進国モデル」はなく、新たなモデルをわれわれ自身の手で創造しなければならない、最もチャレンジングな立場におかれている。

半世紀間で激変した医療・介護ニーズに的確に対応できるサービス提供体制を構築していくことが、喫緊の課題である。

（「こくほ随想」２０１４年5月）

1963年版の厚生白書

介護保険法がスタートするまでのわが国の高齢者介護は老人福祉法によって行われていた。その老人福祉法が制定されたのは1963年（昭和38年）のことである。この年の厚生白書は老人福祉法の制定について記述している。

なぜ、この時期に老人福祉法が制定されたのか。白書によれば「国は昭和34年に国民年金法を制定し、国民皆年金の体制を整えることによって、老人福祉施策の中核ともなる所得保障制度を整備したのであるが、このことがかえって老人福祉に対する国民の関心をさらに刺激することともなり、各方面において老人福祉法の制定への機運が盛んになった」。

老人福祉施策の評価は、「老齢年金の支給と生活保護法による扶助としての養老施設への収容などがあるにとどまり、児童、身体障害者などに対する福祉施策がそれらのハンディキャップに密着して体系的に実施されているのに比して著しく立ち遅れている」と言うものだ。今日、わが国の社会保障は「高齢期集中型」と指摘されていることを考えると、まさに隔世の感がある。

生活保護法の養老施設を、老人福祉法の養護老人ホームとして位置づけ直すとともに、介護施設としての特別養護老人ホームが創設された。当時、養護老人ホームは６６４施設、定員４万５５０５人であったが、特別養護老人ホームは「現在定員80人の施設がわずかに1施設あるだけである。特にこの施設を急速に増設することが各方面から強く要請されている」。

在宅福祉の推進が本格化されたのは、１９９０年にスタートしたゴールドプランからである。それまでの間、ほぼ30年近く、特養の整備がほとんど唯一の老人福祉施策であった。その特養の定員が、今や50万人を超えるに至っていることも感慨深い。

２０００年４月に介護保険制度がスタートして満15年が経過した。政府は、団塊の世代が後期高齢者になり切る２０２５年までに医療・介護の提供体制の改革を成し遂げることを目標としている。残された時間は10年だ。

筆者は、厚生労働省老健局長時代に高齢者介護研究会を設置し、『２０１５年の高齢者介護』という報告書を取りまとめた。この報告書は、目指すべき介護の姿を示すとともに、政府関係の文書としては「地域包括ケアシステム」を提案した最初のものであり、今日までの介護政策を牽引してきたものであるといえよう。その２０１５年を実際に迎え、10年というものがいかに早く経過するか、身に染みている。今こそ改革の加速が必要だ。

（『医療と介護 next』２０１５年 No.2）

『2015年の高齢者介護』は達成されたか

2003年6月に、厚生労働省老健局長の私的研究会である「高齢者介護研究会」(座長:堀田力・さわやか福祉財団理事長・当時)が、『2015年の高齢者〜高齢者の尊厳を支えるケアの確立に向けて〜』と題する報告書を取りまとめた。当時、筆者は、老健局長としてこの研究会を委嘱する立場にあった。この研究会が設置されたのは、05年に控えた介護保険法改正の準備のためである。そこでは、団塊の世代が65歳に成りきる15年を目標として「あるべき介護」の姿を明らかにすることが目指された。その15年を迎えた現在、『2015年の高齢者介護』で何が語られ、それがどの程度達成されたのか、考えてみたい。

研究会では、介護保険法施行以来の実績のデータがあり、同法の施行状況を検証し、課題を整理することから検討が始まった。

まず、要介護認定のデータから、認知症高齢者(当時の呼称は「痴呆性高齢者」)の実態がはじめて明らかになった。それを踏まえ、これからの高齢者介護は認知症対応を「ケアの標準」とすべきで、「新しいケアモデルの確立」が必要だと提言した。その後の認知症ケアの歩みは、隔靴掻痒のものがあるが、12年には認知症高齢者数の新たな推計が出され、研究会当時の推計が上方修正された。13年からは厚生労働省の「オレンジプラン」が開始された。14年11月の認知症サミット日本後継イベントでは、安倍総理が政府一体となって「認知症施策を加速するための新たな戦略」の策定を約束するところまで来ている。

次に、「尊厳を支えるケアの確立への方策」として、「生活の継続性を維持するための、新しい介護サービス体系」を提言した。具体的には、①在宅で365日・24時間の安心を確保する、②「新しい住まい」、③高齢者の在宅生活を支える施設の新たな役割、④地域包括ケアシステムの確立が挙げられた。

①については、05年の法改正で地域密着型サービスが創設され、小規模多機能型居宅介護が開始された。さらに、11年の法改正で「定期巡回・随時対応型訪問介護看護」も創設された。

②については、介護保険法で「特定施設」が制度化され、以後、有料老人ホームの増加がみられていたが、11年には高齢者住まい法が改正され、サービス付き高齢者向け住宅が制度化され、急速に整備が進んでいる。

③については、施設機能の地域展開としては、特別養護老人ホームが1万1000か所を超えた認知症グループホーム、約4000か所の小規模多機能施設、約1000か所の地域密着型特

養とネットワークを組みつつ、それらのバックアップ機能を果たして、地域の介護を面的に支えることが期待されている。ユニットケア実施施設は36・1％に達し、全居室に占める個室の割合は67・5％に達している（14年10月現在）。

④については、05年の法改正で地域包括支援センターが制度化された。11年の法改正では国および地方公共団体の責務として、地域包括ケアの推進に努めることが規定された（第5条第3項）。10年から検討が開始された「社会保障と税の一体改革」において、2025年までに実現すべき医療・介護提供体制として、良質で効率的な医療提供体制の確保とともに、地域包括ケアシステムの構築が政府全体の目標として位置づけられた。このことは「プログラム法」で規定され、13年6月には「医療介護総合確保推進法」が成立している。

介護保険制度が始まってから、特に軽度者の増加が著しい。制度が本来目指す自立支援を強化するため、介護予防・リハビリテーションの充実が提言された。05年に介護予防が制度化され、介護報酬の改定のたびに介護予防と重症化防止が課題であったが、十分な成果は得られていない。さらに、「サービスの質の確保と向上」が報告書の重要な柱となっている。

現状は課題山積で「道遠し」と言わざるを得ない。

（「こくほ随想」２０１５年１月）

介護報酬のマイナス改定に思う

読者がこのコラムを読む頃には、4月（2015年）に改定された新しい介護報酬単位による請求事務も終了し、今回の介護報酬の改定が各事業所に与える影響が明確になっていることであろう。周知のように、06年改定以来の9年ぶりのマイナス改定である。年明けとなった政府の15年度予算編成時の報道によると、史上最大の下げ幅は回避するという政治判断が働き、2・27％のマイナス改定なったという（2003年4月の介護報酬改定は2・3％のマイナス改定）。

現在、2025年度を目標として医療・介護提供体制改革が進行中である。今回の改定の使命は、12年における診療報酬と介護報酬の同時改定の際に第一歩とされた医療・介護機能の再編の改革を更に押し進めることであろう。とりわけ、14年、医療介護総合確保推進法が成立し、地域包括ケアシステムの構築に本格的に取り組むツールが揃ったので、今回の介護報酬への期待は大きいものがあった。それだけに、2025年に向けてのスタートダッシュが必要とされる中で、今回の2・27％の引き下げは誠に厳しい。

12年7月に財務省が特養1施設平均3・2億円の内部留保があると発表するなど、今回改定の前哨戦で、社会福祉法人の内部留保が議論となった。厚生労働省から有効な反論がないまま、昨年11月には、総理から「消費税率の引き上げは1年半先送りするが財政健全化目標は堅持する」という方針が示され、財務省の攻勢が一層強まった。加えて介護事業経営実態調査で、特別養護老人ホームの収支差率が8・7％という結果が出て、介護報酬は引き下げに追い込まれた。

忘れてならないのは、これから後期高齢者が大幅に増加するのはいわゆる大都市圏である、ということだ。これらの地域では、人件費はじめ土地、建築費などが高い。現に都内23区で新規の特別養護老人ホームの開設者が、地方で大規模に事業を展開している社会福祉法人が多い。大都市圏で事業を展開するには、相当の事業経営能力と資金力が必要とされるのだ。

今回改定ではマイナス2・27％の改定幅で、介護従事者の処遇改善分1・65％、中重度者・認知症高齢者などの介護サービスの充実分0・56％も飲み込むので、その他の部分は4・48％の引下げを余儀なくされており、事業者が消耗することは必至である。

今後3年間は内部留保を使い切れということかもしれないが、すでに都内で建設を予定していた案件を返上する動きが出ており、これからの介護提供体制の整備に大きな支障を及ぼすことが懸念される。

（『医療と介護 next』２０１５年 No.3）

２０１５年介護報酬改定への「失望と希望」

「政高党低」の中、診療報酬が実質マイナス改定に

２０１４年４月の診療報酬改定は、２年に一度の定時改定と、14年４月から８％に引き上げられた消費税対応を同時に手掛けた初めての改定であり、分かりにくいものであった。

薬価など（薬価＋材料価格）の引き下げによる「財源」は１・36％あったが、この財源は診療報酬本体と薬価などの「消費税対応分」に充てられ、消えてしまった。診療報酬改定は、①本体引き上げ分の幅と、②薬価など引き下げ分の幅を比較し、①が②を上回れば「プラス改定」、①が②を下回れば「マイナス改定」だ。14年改定では、「消費税対応分」を除いた「本来改定分」である①は＋０・10％、②は▲１・36％であり、結果▲１・26％のマイナス改定であった。

14年４月には、予定通り消費税の引き上げが行われた。「一体改革」の枠組みで消費税は社会保障に充てられるので、診療報酬改定財源の確保には「追い風」とみられていた。また14年改定

は、過去2回の民主党政権下の改定(10年改定、12年改定)を経て、政権に復帰した自公政権下での久方ぶりの診療報酬改定である。民主党政権は政権に就いた直後の10年4月の診療報酬改定を「10年ぶりのプラス改定」として、その成果を喧伝した。12年改定も0・004%という「首の皮一枚」ではあったがプラス改定を堅持した。

それだけに、政権を奪回した与党は診療報酬改定で期すところが大きかったはずだ。14年改定を控え、自民党で診療報酬引き上げを目指す議連が作られ、そこに300人近い議員が結集して気勢を上げたことが、その証左である。

このような「恵まれた状況」にもかかわらず、また、厚生労働族である田村憲久氏が厚生労働大臣をいただき、大臣自ら最後まで診療報酬の引き上げにこだわったにもかかわらず、▲1・26%のマイナス改定に終わってしまった。

このマイナス改定を主導したのは、総理官邸である。4月から消費税の引き上げという国民負担をお願いする中で、患者負担の引き上げにつながる診療報酬の引き上げは認められないと主張した。それだけであろうか。09年の民主党への政権交代前後にとった日本医師会の行動に対する不快感が政権の中枢にあり、14年改定はその表明ではなかったか。12年総選挙、13年参議院選挙の大勝で、党に対し官邸の優位が確立(政高党低)し、14年改定を押し切った形となった。

13年8月の社会保障制度改革国民会議報告書において、診療報酬以外の別途の財政支援の方策として基金が提唱された。その後に財源配分をめぐり診療報酬に積むか、基金造成に充てるかで綱引きがあった。官邸は、基金造成に軍配を上げた。

「内部留保」めぐる乱暴な議論

さて、今回の介護報酬の改定である。14年診療報酬改定と比較しても、格段に環境が悪かった。14年11月に安倍首相は、15年10月に実施予定であった消費税10％の引き上げを年半延期した。この結果、社会保障の充実に充てることのできる予算は、予定されていた1・8兆円から1・35兆円に圧縮されてしまった。また、消費税を充てる「社会保障4分野」のうち子ども・子育てについては、待機児童解消に向けて予定通り実施することが選挙で公約された。これにより子ども・子育て予算が「満額確保」された分、医療や介護の取り分が窮屈になった。

加えて安倍首相は、消費税引き上げは1年半延期するが20年の財政健全化目標は堅持すると明言し、公約にも盛り込んだ。これを受けて、財務省は15年度予算編成で攻勢に出た。

さらに、国民の信を問うた14年12月の総選挙で自民党は大勝し、ここ当分の国政選挙は遠のき、介護報酬を引き上げなければならないとする「政治的要請」は弱まった。

このような状況下で、年明けとなった政府の15年度予算編成において、介護報酬の改定率については、史上最大の下げ幅とすることは回避するという政治判断が働き、2・27％のマイナスに落ち着いた（03年4月の介護報酬改定率は2・3％のマイナス）。

今回の改定は、11年7月7日付日経新聞経済教室の「黒字ため込む社会福祉法人」（松山幸弘・キヤノングローバル戦略研究所研究主幹）の指摘が口火となった社会福祉法人の内部留保問題が足を引っ張る結果となり、財務省の軍門に下ってしまった。

財務省は、今回改定の前哨戦として12年7月に特養1施設平均3・2億円の内部留保があると発表するなど、周到に仕掛けてきた。規制改革会議、政府税制調査会などで、社会福祉法人の内部留保が議論となり、社会福祉法人に対する課税問題まで浮上した。これに対し厚生労働省は、13年5月に実在内部留保額は1・5億円と反論。しかし有効打とならないうちに、介護事業経営実態調査で特別養護老人ホームの収支差率が8・7％という結果が出て、他産業の収益率と比較して高いとのキャンペーンが展開されたことも介護報酬引き下げの要因だ。

介護事業経営実態調査は、調査のたびに対象事業所が異なり、時系列的な比較に問題があること、キャッシュフローは把握できるが借入残高は捉えられず経営の実態に迫りきれていないことなど、以前からその精度については疑問視されてきた。「過大な内部留保」と言うが、施設の建て替え費用として必要な再生産コストを考慮した場合の適正水準がどこにあるのかを示さないままの議論は、極めて乱暴であったが、とにかく財務省の作戦勝ちとなった。

「構造評価」から「アウトカム評価」に

このマイナス改定の影響であるが、小泉政権下の「構造改革」の一環として実施された二度のマイナス改定（03年、06年）と比較し、事業者に与える影響は大きいだろう。過去2回のマイナス改定は、①介護保険制度開始直後で、その給付費が急増したことを受けて、その適正化を図った、②介護保険制度スタート時に、介護施設にはややゆとりを持たせた介護報酬の修正を図った、という側面があったからである。

その後、２０００年代後半に介護職員の確保が困難となり、09年度の補正予算で介護職員処遇改善交付金が創設され、これを12年改定で介護報酬に取り込んできたという経過を経てきたが、事業者の体力はかつてほど強くはなくなってしまった。

周知のとおり、これから後期高齢者が増加するのは、何事につけてもコストが高い大都市部である。今回の改定は、今後3年間は内部留保を使い切れというメッセージのように受け取れるが、都市部では昨今の資材高と、今回のマイナス改定で新規の事業に必要な建設資金の調達について返済計画が立たず、必要な新規投資案件の見送りなどがすでに生じている。

そもそも、今回の介護報酬の改定の使命は、２０２５年度を目標として進行中の医療・介護提供体制改革のために、昨年の診療報酬改定とともに、医療・介護機能の再編の改革をさらに押し進めることであった。とりわけ、昨年、医療介護総合推進確保法が成立し、地域包括ケアシステムの構築に本格的に取り組むツールがそろったので、今回の介護報酬改定への期待は大きいものがあった。それだけに、今回改定への失望が大きく、これからのサービス提供体制の整備に大きな支障を及ぼすことが懸念される。

さて、個別の報酬単価の設定については、居宅サービス、介護施設の報酬で基本点数が下げられたので、加算点数を獲得して減収幅を縮小するか、あるいはプラスに持っていくかということに議論が集中しがちである。

今回の改定で注目すべきは、数多くある訪問系サービスや通所系サービスについて、個々のサービスの種類にとらわれず、「求められる機能」に着目し、それを「生活機能の維持・向上」「生活援助」「家族の負担軽減」と整理し、それらを横串に評価しようとしたことである。このことにより、「通所介護」であるから○○単位、「通所リハビリテーション」であるから○○単位といった評価の仕方から、実際に果たしている機能に応じて評価できるようになる。いわゆる「構造評価」から脱却して、「プロセス評価」さらには「アウトカム評価」に至る道筋が見えやすくなるし、「多機能型サービス」の評価もより適切に行われるようになる。

これらの視点は、施設サービス・居住系サービスにも応用できるものであり、今後、「生活の場としての住まい」、要介護度、医療ニーズによって整理、評価されていくであろう。

今回の改定は、マイナス改定で自由度が極めて制約された中ではあったものの、このような方向に第一歩を踏み出した改定である。また、次回改定以降においても、必ず踏まえていかなければならないポイントを明確に示した改定として、高い評価が与えられる。

介護報酬の改定は3年に一度であるが、議論は最後の1年に集中し、時間切れになってしまうことが多い。しかし、今回は、すでに改定の方向性は明示されたので、さっそく18年の同時改定に向けての作業に着手すべきである。


（MEDIFAXweb　２０１５年5月14日）

「骨太2015」における介護保険の見直し

自民党の総裁選で安倍総理が無投票で再選され、引き続き政権を担当することとなった。総裁の任期は、3年である。今後、安倍内閣の下で社会保障はどのような道筋をたどるのであろうか。それを読み解く鍵になるのが、去る6月30日に閣議決定された「経済財政運営と改革の基本方針」(骨太2015)だ。

2020年度にプライマリーバランスを黒字化するという財政健全化目標の堅持が表明された。そこで、18年度までの3年間を集中改革期間と位置づけ、プライマリーバランスの赤字を対GDP比1%程度まで縮減するとした。このため、社会保障費は、その伸びを3年間で1・5兆円程度にとどめることが目安とされている。

「骨太2015」は、「主要分野ごとの改革の基本方針と重要課題」を示している。社会保障では、医療・介護関係の記述が大部分(3・5頁)を占めている。年金(5行)、生活保護など(半ページ)と比較して突出振りが目立つ。明らかに医療・介護が主要なターゲットとされている。

医療・介護の改革メニューとして、提供体制改革から保険制度の見直しまで、法改正から診療報酬・介護報酬改定まで、事業者・保険者・利用者へのインセンティブの付与など広範な項目が列挙されている。

従来、給付費増を抑制する方策として、窓口負担の引上げが行われてきた。医療保険では、02年改正で3割負担が導入され、それ以上の自己負担増は求めないことが改正法附則で規定されている。そこで、高額療養費の見直しは指摘されているものの、直接の患者負担増は言及されていない。これに対し、1割負担である介護保険については利用者負担の見直しが明示されている。

給付範囲の絞り込みも課題となっている、として挙げられている。特に介護保険については、「軽度者に対する生活援助サービス・福祉用具貸与等その他のサービスについて、給付の見直しや地域支援事業への移行を含め検討」と記述されており、今後の焦点となろう。後期高齢者医療で高齢者支援金について総報酬制が導入されたが、介護保険でもその導入が提起されている。

介護保険制度がスタートしてすでに15年が経過した。医療保険の歴史を振り返ると皆保険の達成以後、ほぼ2～3年ごとに大きな改革が行われてきた。18年は診療報酬・介護報酬の同時改定年であり、医療・介護の両計画の更新年でもある。介護保険は、改革の大きな山場を迎えることとなろう。関係者の奮起が必要だ。

（『医療と介護next』２０１５年No.5）

「一億総活躍」と厚生労働行政

「一億総活躍社会」は、自民の総裁選で再選後に安倍総理が行った2015年9月24日の記者会見が発端だ。「アベノミクス第2ステージの新しい3本の矢」を掲げるとともに、目標とする日本の将来像として、少子高齢化に歯止めをかけ「一億総活躍社会」を目指すとした。

新3本の矢は、「希望を生み出す強い経済」、「夢をつむぐ子育て支援」、「安心につながる社会保障」とされる。新・第2の矢の「夢をつむぐ子育て支援」では「希望出生率1・8」の実現を、新・第3の矢の「安心につながる社会保障」では「介護離職ゼロ」を目標とした。

これを受けて、10月7日に行われた内閣改造では一億総活躍担当大臣が創設され、官房副長官だった加藤勝信氏が担当大臣に任命されている。次年度の予算に盛り込むためには、年内に政策の中身を詰めなければならない。15日には内閣官房に一億総活躍準備室が設置され、厚生労働省をはじめ関係省庁から人材が集められている。総理官邸では、10月29日に有識者を集めた第1回の一億総活躍国民会議が開催され、急ピッチに作業が進められている。

厚生労働省は省内に一億総活躍社会実現本部を設置し、10月6日には本部会合が開催されている。そこでの塩崎恭久大臣の指示は、「厚生労働省を挙げて取り組む」、『介護離職ゼロ』・『現役社会の構築』については、当然ながら、わが省が先頭に立って取り組むべき課題」というものだ。

まさにそのとおりで、厚生労働行政の鼎の軽重が問われる状況だ。改めて言うまでもないことだが、少子化対策にしても、高齢者介護にしても、長期にわたる政策の積み重ねがあり、また、社会保障改革が進行中でもある。総理の看板政策の3本の矢に位置づけられたことは、これらの政策を所管してきた官庁としては歓迎すべきことである。これまで実現できなかった政策、進行速度が遅かった政策について、点検し直して、現実化・加速化する絶好の機会とすべきである。

総理の記者会見からスタートし、いわばトップダウンの政策であり、懸念もある。例えば、新・第3の矢について、特別養護老人ホームの整備といった、旧態依然とした政策が語られている。入院・入所から在宅医療・在宅介護へ、というこれまでの医療・介護提供体制の改革、地域包括ケアシステムの構築という目標と、どう整合性があるのか、当該分野の専門官庁である厚生労働省としての見識が試される場面だ。

その行方を注視したい。

（『医療と介護next』２０１５年No.6）

「介護離職ゼロ」への不安

新3本の矢は「手段」ではなく「目標」？

従来の「アベノミクス3本の矢」は、「大胆な金融政策」「機動的な財政政策」「成長戦略」とされてきたので、記者会見で突如示された「新3本の矢」を受け、世間では戸惑いを隠せない雰囲気があった。これまでの3本の矢がデフレからの脱却に向けた、金融政策、財政政策、産業政策という手段を示すものであったのに対し、新3本の矢はむしろ目標を示したもので、「矢ではなく的ではないか」との疑問が湧くからだ。強い経済、子育て支援、社会保障という3本が、なぜ出てくるか、そのロジックが分かりにくい。素直に考えれば、「デフレ」「人口減」「高齢化」という日本社会が直面する難題への対応を掲げたということであろうか。

子育て支援については、合計特殊出生率（1人の女性が生涯に産む子どもの平均数）が過去最低となった1989年の「1・57ショック」以来、今日まで30年近く少子化対策が積み重ねられてきた。それでも2005年には出生率1・26の最低値を記録し、近年若干の改善をみたものの1・4台前半にとどまっている。結婚、出産、子育てと仕事の両立のための障害を取り除く必要があることは、この間の少子化対策で繰り返し確認されてきた。

現在進行中の「社会保障と税の一体改革」の中でも、「高齢者集中型の社会保障」から「全世代対応型の社会保障」への転換の必要性が指摘され、「日本社会の未来への投資」として子育て支援の充実が求められている。その意味では、「希望出生率1・8」は従来施策の言い換えにすぎないのではないか。もちろん、的外れではないが。現在求められているのは、目標達成のための具体的方策とその実行に必要な財源の確保だ。

一方、新・第3の矢は混迷の度を深めている。課題山積の社会保障の中で、なぜ「介護離職ゼロ」なのか。介護離職をなくすことに異を唱える人はいないだろうが、この政策が取り上げられることの優先度については疑問符がつこう。

より深刻なのは、総理は記者会見で、「介護離職ゼロ」という目標の達成のため、特別養護老人ホーム（以下、「特養」）の整備を進める方針を示したと報道されていることである。そうであるとすれば、この政策の妥当性を検証しなければならない。

「待機者52万人」をどう考えるか

特養は、１９６３年に施行された老人福祉法によって誕生した。80年代後半から在宅福祉の推進が強調されるようになるまで、わが国の高齢者介護対策は特養の整備に尽きるといって過言ではない。いわば、特養整備の一本足打法だ。この結果、63年にわずか1施設からスタートした特養は、70年５３９施設、80年１０３１施設、90年２２６０施設、２０００年４４６３施設、と10年ごとにほぼ倍増のペースで整備されてきた。14年10月時点では、７２４９施設、入所者数は49万８３２４人に達している。１９８７年から整備が開始された老人保健施設は４０９６施設、入所者数36万２１７５人となっており、両者を合計した入所者数は86万人を超える。わが国の病院の一般病床数に迫る状況である。

このように、従来の高齢者介護政策は施設偏重であったため、在宅福祉の充実が課題とされてきた。90年度から始まった高齢者保健福祉推進10か年戦略（ゴールドプラン）以降、在宅福祉を充実し、施設と並んで「車の両輪」としていくことが高齢者介護政策の基本であった。その根底には、高齢者を社会から隔離しない、要介護になっても住み慣れた地域で暮らし続けられるように配慮していく、というノーマライゼーションの思想がある。

介護保険がスタートした２０００年４月の介護給付費の内訳を見ると、施設介護が72％を占めていた。この時点でも高齢者介護がいかに施設に依存していたかを物語る数字だ。その後、14年4月まで14年間で65歳以上人口は1・48倍となったが、介護保険のサービス利用者は149万人から493万人へと3・31倍の増加を示した。施設サービス利用者数は52万人から89万人へと1・72倍の増加だが、居宅サービス（地域密着型を含む）利用者の伸びはそれを上回り、97万人から403万人へと4・15倍に拡大した。

2040年まで、わが国の高齢者数は増加する。高齢化の最後の急坂に差し掛かっているのだ。この坂を上りきるには、施設整備ではなく、在宅で支える機能を強化していくことが求められる。譬えれば、先の戦争で巨艦巨砲ではなく、航空機が必要であったように。このことは、05年の介護保険法の改正を目指して「高齢者介護研究会」（当時の老健局長の私的研究会）がまとめた『2015年の高齢者介護』（03年6月）で、すでに明示されている。すなわち、①在宅で365日24時間の安心を提供する、②自宅・施設以外の多様な住まい方を実現する、③高齢者の在宅生活を支えるため施設が新たな役割を果たす、との考え方が基本になる。

これに対し、「特養は52万人もの入所待機者がおり、皆が求めているのは在宅ではなく、施設ではないか」との指摘がある。総理の記者会見の記事でも、「待機者52万人」という数字が踊っている。

この数字は、14年3月に厚生労働省が公表した特養の申込書数に基づくものであり、特養の申込者数は52・4万人、そのうち在宅の者が26・0万人、さらにそのうち要介護4・5の者は8・7万人となっている。注意を要するのは、この数字は1人で複数施設を申し込んでいる場合は重複してカウントされているほか、申し込みをしたまま死亡された方も含んでおり、特養申込者数の実人員を示すものではないということである。

「真に入所が必要な者」は、入所申込数の1割であるとの調査研究もあるくらいだ（『特別養護老人ホームにおける入所申込の実態に関する調査研究』、10年度、医療経済研究機構）。

最近では、大都市部の介護事業者から、特養に空床が生じた場合、次の入所者を確保するのに困難があることを聞かされる。東京の区部でも特養の空床が生じたので、待機者のリストに従って名簿の上から順番に声をかけたところ、実際に入所したのは名簿の数十番目の人であったというエピソードもある。とりあえず、「予約」のために申し込みをしている人も多いということだ。まずは、よく実態を見極める必要がある。

「在宅」が基本、必要に応じて時に「施設」

さて、『2015年の高齢者介護』の報告書を受けた05年介護保険法改正では、①在宅サービスの複合化・多機能化を図る「小規模多機能型居宅介護」の創設、②施設サービスの機能を地域に展開する地域密着型サービスの制度化、③施設において個別ケアを実現する個室ユニットケアの推進が図られた。なお、④新たな「住まい」の形を用意する、については11年にサービス付き高齢者住宅が制度化された。

さらに言うと、『2015年の高齢者介護』では地域包括ケアシステムの構築も提言されている。その後、08年から厚労省老健局で地域包括ケア研究会を設置し、地域包括ケアシステムの構築の観点から、介護サービス、人材、介護報酬、制度を見直していく方向で政策が展開されてきたこと(例えば、11年の介護保険法改正)は、周知の通りだ。

10年10月からは、社会保障と税の一体改革の検討が始まり、12年6月の三党合意を経て、14年以降、実施の段階に入っている。これからの社会保障改革で中心課題となるのは、医療・介護である。医療・介護提供体制の改革を貫くことこそが、国民皆保険を維持し、介護保険制度も持続可能なものとしていくために必須とされている。

医療・介護提供体制の改革の目標は、①効率的で質の高い医療の確保、②地域包括ケアシステムの構築、である。両者が目指すのは、「病院完結型」の医療から「地域完結型」の医療へ、「入院・入所」から「在宅医療・在宅介護」へという方向である。こう述べると、「理想論であり、在宅では支えられない」「施設でなければ無理」という声が上がりそうだ。

しかし、介護保険制度により、在宅サービスが質・量ともに措置時代とは別世界のように充実し、制度改正のたびに在宅ケアに必要なツールが追加されてきた。惜しくも今年3月に急逝した社会福祉法人長岡福祉協会（新潟県長岡市）の小山剛氏は、地域に小規模拠点を散在させ、特養の入所者を地域に戻す取り組みをしてきた。そして、１９８２年に山の上につくった定員１００人の特養を空にした。社会福祉法人ノテ福祉会（札幌市）の対馬徳昭氏は、３か所の特養をバックアップ施設にしながら、認知症のグループホームや小規模多機能型居宅介護を市内24か所に展開し、地域を面的に支える取り組みを展開中だ。これからは、施設か、在宅かという2元論ではなく、「在宅を基本に、必要に応じて時に施設」（田中滋・慶應義塾大学名誉教授）ということであろう。

２０１４年6月には、「プログラム法」に基づき、医療介護総合確保推進法の下で19本の関係法律が成立した。全国の市町村は一斉に、各地での地域包括ケアシステムの構築に向けて取り組んでいる。介護保険法の改正で、軽度者の訪問介護、通所介護の個別給付を3年以内に市町村が実施する地域支援事業の枠組みに移行させなければならない。在宅の患者・利用者を支えるための鍵となる在宅医療・介護連携の確保も市町村の役割となったのである。

「社会保障改革」「地方創生」に「一億総活躍」を上乗せ

このように、関係者が走りだしている、まさにそのさなかに、「特養の整備」が中心に据えられる政策は時代錯誤的で理解に苦しむ。とはいえ、これからの特養整備が全く不要であると主張しているわけではない。進行中の医療・介護提供体制の改革でも、施設入所者数は「現状投影シナリオ」に比較して減少を図るものの、2025年まで一定数の施設整備は進める計画である。その際、現状では整備が困難な状況にある東京都区部における整備促進対策は打つべきで、国有地の提供や賃貸物件を認める緩和策の導入などは歓迎すべき政策だ。

政治的な動機はともかく、総理大臣が発表した以上、その重みは大きい。政府としては、その方向に沿って政策を練りあげていくことになろう。10月7日に行われた内閣改造で一億総活躍担当大臣が創設され、15日には内閣官房に一億総活躍推進室が設置された。推進室には、関係省庁から人材が集められている。総理の打ち上げた政策の具体化が、この部隊のミッションだ。

重ねて言うが、社会保障改革が進行中だ。昨年から始まった地方創生が並走している。この調整・整理だけでも難しい。加えて「割り込む」のが一億総活躍だ。困難は倍加するだろう。くれぐれも迷走しないでほしいものだ。

（MEDIFAXweb　2015年11月20日）

介護療養病床の廃止問題、議論矮小化への懸念

17年度末の廃止、迫られる対応

経緯は、2000年代半ばにまでさかのぼる。当時は小泉政権下で、02年の医療保険改革（3割負担導入など）、04年の年金改革（マクロ経済スライドの導入など）、05年の介護保険改革（食費・居住費の自己負担など）とさまざまな社会保障改革が進行中だった。

05年秋、終了した通常国会で介護保険法改正法が成立したため、厚労省内の政策の照準は、06年の診療報酬、介護報酬の同時改定と、医療制度改革に向けられていた。政治環境としては、05年8月の郵政解散による総選挙で自民党が大勝し、制度改革に追い風となっていた。

06年の医療改革は、後期高齢者医療制度の創設、特定健診・特定保健指導の導入、地域医療計画制度の見直しなど、医療保険制度・医療制度の双方にわたるものであったが、その中で介護療養病床の廃止が打ち出された。その内容は、患者の状態に即した機能分担を促進する観点から、

医療の必要性の高い者については引き続き医療療養病床で対応するとともに、高齢で医療の必要性の低い者については、療養病床から移行した老人保健施設などで対応することとして、介護療養病床は11年度末で廃止する、というものだった。

併せて、医療法についても見直しがあり、療養病床の看護人員配置が6対1（診療報酬基準では30対1に相当）以上から4対1（20対1に相当）以上に引き上げられ、経過措置として11年度末まで6対1以上でも良いこととされた。

しかし、老人保健施設などへの移行は進まず、11年の介護保険法改正で介護療養病床の廃止の期限は6年間延長され、17年度末までとされた。医療療養病床の看護人員配置の経過措置についても同様の延長が行われた。

冒頭の「在り方検討会」が設置されたのも、17年度末という新たな期限を考えると、予定どおり介護療養病床を廃止するのでなければ、遅くとも来年の通常国会に何らかの措置を講じる法案を提出しなければならないからだ。「在り方検討会」の「整理案」では、「個別の制度や法律等については、社会保障審議会・医療部会、介護保険部会等において議論を行う」としており、議論の舞台はこれら審議会に移ることとなった。

「唐突感」与えた廃止の決定

介護療養病床の廃止が紛糾し、10年たった現在まで解決の方向性が定まっていない一因は、廃止の決定に至る手続きに大きな問題があったからだ。筆者は02年8月から05年8月まで老健局長を務めた。介護保険施行5年後の見直しの介護保険法改正を担当した。この間、つまり05年8月の段階まで、介護療養病床の廃止の議論は全くなかった。

そもそも介護3施設（特別養護老人ホーム、介護老人保健施設、介護療養型医療施設）のあり方については、介護保険を制度化する際にも検討されてきた大問題である。まして、介護3施設の一つとして当時12万床を超え、社会的に機能していた介護療養病床を廃止するのは極めて重大な決定だ。本気で廃止する気であれば、05年の介護保険法改正に向けて議論すべきであったし、その後に実施するのであれば、審議会で議論を尽くして法制化すべきだった。

そのような手続きを一切踏まず、わずか4か月足らずの期間（実際に費やされた検討時間はさらに少ない）を経て、役所内部の議論だけで05年12月に打ち出された方針であった。従って、内外に唐突感を与え、各方面から強い反対の声が上がる結果となった。手続きの瑕疵は重大であった。

手続き面は以上にして、内容面について考えてみたい。それには、療養病床の出自をたどる必要がある。

周知のとおり、1973年の老人医療費の無料化以来、入院、外来を問わず高齢者の受診率が急上昇した。施設代わりの病院利用が進み、いわゆる老人病院が増加し、「社会的入院」が問題となった。無料化から10年を経て、83年に老人保健法が施行された。これに伴い老人診療報酬が設定され、一定範囲の処置、注射、検査、点滴を包括化するとともに、医師、看護師の配置基準の緩和と介護職員の配置を定めた「特例許可老人病院」、「特例許可外老人病院」が誕生した。

かねて懸案であった入院病床の機能分化に向けて、92年の第2次医療法改正で「特定機能病院」の創設と長期入院患者を対象とする「療養型病床群」の制度化が行われた。療養型病床群の人員配置は、ほぼ特例許可老人病院並みの基準とされた。97年の第3次医療法改正で、診療所にも療養型病床群の設置が認められた。さらに、2000年の第4次医療法改正により、「その他の病床」が「一般病床」と「療養病床」に区分され、92年以来の入院病床の機能分化は一応の完成を見た。

2000年の介護保険法の施行に伴い、介護保険施設として特別養護老人ホーム、介護老人保健施設と並んで介護療養型医療施設が位置づけられ、療養病床は、医療保険適用と介護保険適用にまたがって存在することとなった。

患者を保険局・老健局で押しつけ合い？

慢性期の入院医療の診療報酬については、出来高払いから包括払いへの移行という課題があったが、92年の診療報酬改定で看護料、検査料、投薬料および注射料を包括した入院医学管理料を設定した「介護力強化病院」が誕生した。さらに、06年の診療報酬改定によって3段階の医療区分と3段階のADL区分の評価が導入された。これは日本版RUG方式の導入とされたものだが、この医療区分の設定が引き金になって、当時の厚労省は「医療の必要度の低い介護療養病床の廃止」という決定に走ることになった。

以上の経緯を踏まえると、06年に介護療養病床の取り扱いを決めるには、

1．医療提供体制の中で療養病床をどのように位置づけていくのか

2．制度創設時に介護保険施設の一元化は行わず、3種類の介護保険施設が鼎立する。いわゆる「3大陸方式」でスタートした介護保険制度における施設の体系をどうするのか

3．高齢者の医療ニーズについて医療保険と介護保険でどう役割分担していくのかという課題の連立方程式を解くことが必要だった。しかし、06年の決定は外部から見ると、症状が軽い「医療区分1」の患者を保険局（医療保険）と老健局（介護保険）で押しつけ合い、調整がつかずに介護療養病床の廃止に至ったとしか思えないものであった。

それからすでに10年が経過し、介護療養病床をめぐる環境が大きく変化してきた。現在進行中の医療・介護提供体制の改革である。そこでは、地域医療構想によって地域ごとの医療機能別必要病床数が定められる。慢性期病床については、地域差の縮小と在宅医療などで追加的に対応する患者数を踏まえて必要病床数が決められることになろう。そして、日常生活圏域においては地域包括ケアシステムの構築が求められている。

このように捉えると、これからの介護療養病床のあり方は、

1．医療機能別必要病床数による慢性期医療病床のコントロール
2．地域包括ケアシステムの中での施設、居住、訪問、通所サービスの機能の再編成
3．介護保険制度における医療機能の位置づけと医療機能についての医療保険との費用分担の問題に再整理できよう。

不明点残る「在り方検討会」の提案

さて、その上で「在り方検討会」の「慢性期の医療・介護ニーズへ対応するためのサービス提供類型」という提案を見てみよう。「在り方検討会」は、現行の介護療養病床・医療療養病床（25対1）が提供する機能を担う選択肢として、

1．「医療」「介護」のニーズを併せ持ち、長期療養が必要となる高齢者に対して
2．これまでの類型にはない
3．日常的な医学的管理、一定程度の介護に加え、「住まい」の機能を同時に満たす新たな類型を提案している。

具体的には、医療を内包した施設類型（以下「医療内包型」）と、医療を外から提供する「住まい」と医療機関の併設類型（以下「医療外付け型」）の2タイプを示している。

従って、療養病床を持つ個々の医療機関としては、

A．新たな類型に移行する
B．医療療養病床（20対1）や介護老人保健施設、有料老人ホームなどの既存の類型に移行する
C．複数の類型に移行する

といった多様な選択肢が考えられることになる。

「医療内包型」は、「長期療養に対応した施設（医療提供施設）」ではあるが、「病院・診療所」ではないとされており、医療法で規定されるのであろうが、法的には老人保健施設と同様の位置づけになろう。いずれにしても、「介護療養病床（病院・診療所）」は廃止したいとの厚労省の執念が表れている。

「医療外付け型」は、「居住スペースに病院・診療所が併設した場で提供されるサービス」とさ

れ、「病院・診療所と居住スペース」と説明されている。「併設」の定義が不明だが、制度論としては、同一建物から同一敷地内、隣接、あるいは一定の距離内まで考えられる。

しかし、「サービスモデル（イメージ）」として作成されている図では、3階建ての病院で1階・2階部分が「医療療養病床（20対1）診療所（有床または無床）」とされ、3階部分が「居住スペース」となっており、そこへ1階・2階から訪問診療をすると説明されている。「医療外付け型」は、「居住スペース」を指すのか、病院・診療所と一体のものとして定義されるのか、不明である。

また、これらの新たな類型は、現行の介護療養病床・医療療養病床（25対1）の転換先としてのみ認めるのか、今後のあるべきサービス提供体制の類型として新規参入者にも認めていくのか、必ずしも明確ではない。

2025年に向けて有意義な議論を

今後、関係審議会での審議を待たねばならないが、議論が現行の介護療養病床・医療療養病床（25対1）の転換先に矮小化されてしまっているとの危惧を抱く。2025年に向けて有意義な議論を希望したい。

例えば、

1.「医療内包型」に現在の特別養護老人ホーム、老人保健施設、介護療養病床までを包摂し、特別養護老人ホーム、老人保健施設、介護療養病床は廃止し、介護施設の一元化を達成する

2.「医療内包型」には、要介護度、医療必要度、在宅復帰率などに応じた段階をつけた介護報酬を設定する

という検討をしていくべきだと思うが、それは利害調整の難しさを無視した空論だと一笑に付されるだろうか。

(MEDIFAXweb　2016年2月18日)

認知症問題に重い課題を突きつけた最高裁判決
――社会全体で支える仕組みを――

3月1日(2016年)に認知症高齢者の鉄道事故をめぐる損害賠償裁判の最高裁判決が出された。翌日の朝刊各紙は「徘徊事故　家族に責任なし」(朝日)、「認知症事故『家族に責任なし』」(毎日)、「認知症事故　家族責任なし」(読売)、「認知症　家族の責任認めず」(日経)、「家族に賠償責任なし」(産経)、「認知症徘徊事故『監督は困難』」(東京)という見出しで、日経を除いていずれも1面トップで報道した。

何が問題で、何が争われたのか

事故は2005年8月3日に起きた。愛知県大府市在住の当時91歳の認知症高齢者(男性・要介護4・認知症高齢者自立度Ⅳ)が、見守っていた妻(当時85歳・要介護1)が5～6分まどろんだ間に自宅から外出し、最寄駅の隣駅のホームの先端の柵から下に降りた後、電車にはねられて死亡したというものである。電車の運行者であるJR東海は、この事故に伴って生じた振替輸送の費用などについて生じた損害約720万円の賠償を求めて遺族を訴えたところから、本件訴訟が始まった。

第一審の名古屋地裁は、2013年8月9日に遺族（妻と長男）に約720万円の賠償責任を認める判決を言い渡した。この判決は、介護関係者に大きな衝撃を与え、この訴訟についての関心が一挙に高まった。

遺族は、名古屋高裁に控訴したが、名古屋高裁は長男の賠償責任は否定したものの、妻の監督責任は認め、損害額の5割（約360万円）の賠償を命じた（2014年4月24日）。

民法は、不法行為による損害賠償、つまり、故意または過失で他人に損害を与えた者は、損害を賠償しなければならないことを規定する（709条）。しかし、「精神上の障害により自己の行為の責任を弁識する能力を欠く状態にある間に他人に損害を加えた者は、その賠償の責任を負わない」（713条）ので、本件の91歳の認知症高齢者は、賠償責任を負わないことになる。

しかし、民法は714条で、「責任無能力者がその責任を負わない場合において、その責任無能力者を監督する法定の義務を負う者は、その責任無能力者が第三者に加えた損害を賠償する責任を負う」として、監督義務者の責任を規定している。さらに、同条2項では、「監督義務者に代わって責任無能力者を監督する者も、前項の責任を負う」と規定（代理監督者）されている。

そこで、介護していた家族に、709条の過失があったかどうかが、最初の論点になる。

次いで、認知症高齢者を介護する家族が、監督義務責任者や代理監督者に当たるかどうか、が問題となる。

さらに、714条には「ただし、監督義務者がその義務を怠らなかった時、またはその義務を怠らなくても損害が生ずべきであった時は、この限りでない」としている。仮に家族が監督義務者であったのとしても、その義務を怠っていたかどうかが、判断されなければならない。

どのような認知症高齢者であったのか

以降、やや判例解説的になるが、家族の関係をアルファベットで示す。鉄道事故で亡くなった91歳の男性Aは、認知症により日常生活に支障が生じるようになったことから、2002年8月に要介護1の認定を受けたが、直後に骨折で入院したことにより認知症の症状が悪化し、02年11月には要介護2となった。以後、認知症の症状は進行を続け、07年2月には要介護4となっている。Aは、トイレの場所を把握できず、自宅の内外でところかまわず排尿するなど、その症状は重度であった。

Aは、02年10月に国立療養所中部病院（現、国立長寿医療研究センター病院）で、遠藤英俊医師（現、高齢者総合診療部長）の診察を受け、02年10月にアルツハイマー型認知症との診断を受けている。

Aと妻B（当時85歳、要介護1）には、長男C、次男D、次女E、三女Fと4人の子がいた（長女は、すでに死亡）。

Aは、1959年まで農協に勤めた後、不動産仲介業を営んでいた。子どもたちが親元を離れた77年からは、妻Bと二人暮らしである。長男Cは事件当時、横浜に居住していたが、その妻（G）が、Aの介護のために単身で大府市に転居していた。三女Fは近隣に居住し，ホームヘルパー2級の資格を取得し、近隣の町の介護施設に勤務していた。次男Dは、本件事故当時ミュンヘンに在住、次女Eは、5歳の時に養父母と養子縁組をして、AとBとは別居していた。

Aの認知症の悪化に伴い、妻B、長男夫婦（CとG）、三女Fが集まり相談（家族会議）したが、介護に詳しいFのアドバイスもあり、自宅介護を妻Bと長男の妻Gが中心となって行うこととした。事故当時、Aは週6回デイサービスを利用し、帰宅後、Aが眠るまでの世話はGが行い、その後はBが引き継ぐこととしていた。

男性Aの自宅の事務所部分の出入り口には、Aの外出をチェックするセンサーが取りつけられていたが、センサーのチャイム音にAが過剰に反応し、不穏になるので、電源が切られていた。

Aは、それまで2度ほど徘徊したことがあるが、いずれも無事保護されていた。事故当日は、16時半にAがデイサービスから自宅に帰り、GはAが自宅玄関先で排尿した段ボール箱を片づけていたため、AとBが二人きりになっていた。Gが戻ってくる17時までのわずかな間の、Bが目を閉じてまどろんでいる間に、Aが事務所部分から一人で外出し、17時47分頃、大府駅の隣駅構内で鉄道事故に遭ったものである。

地裁、および高裁はどう判断したか

本件事故について、第1審の名古屋地裁は、妻Bに対して「Aから目を離さずに見守ることを怠った過失があり、かつ、Bがこれを怠っていなければ本件事故の発生は防止できたと考えられ、Bの過失と本件事故の発生と相当因果関係があるといえる」として、B自身に民法709条による損害賠償責任があるとした。

さらに、長男Cについて、家族会議を主宰し、重要な財産処分の方針決定などをしていたと認定し、民法714条の代理監督者に該当すると判断した。そして、センサーのアラームの電源が切られていたことなどから、Cが、「Aを監督する義務を怠らなかったと認めることはできないし、Cが義務を怠らなくても損害が生ずべきであったと認めることはできない」として民法

714条2項によって、損害賠償責任があるとした。

第2審の名古屋高裁では、妻Bが、714条の監督責任者に該当すると認定した。それは、①当時、Aは、精神保健福祉法の精神障害者に該当し、妻Bは、同法の保護者の地位にあったこと、②さらに、民法は、婚姻関係上の法的義務として、同居し、互いに協力し、扶助する義務を負う(752条)と定めているからだ、と理由づけた。そして、妻Bに監督義務を怠らなかったとはいえないとして、賠償責任を認めたのである。

一方、長男Cは、714条の監督責任者には該当しないと判断し、この部分は地裁判決を否定した。

また、妻B、および長男Cの709条の責任については、「本件の事故発生に対する具体的な予見可能性が推定できる必要がある」が、それが認められず、損害賠償責任を認めることはできないとした。

結論として、妻Cに対し約360万円の損害賠償を認定した。

最高裁の判決とその意義

最高裁は、まず監督義務について次のように判断した。

①保護者や成年後見人であることだけでは、ただちに法定の監督義務者に該当することはできない。

②民法752条は、夫婦間において相互に相手方に負う義務であって、第三者との関係で夫婦の一方に何らかの作為義務を課するものではなく、同条の規定をもって714条にいう責任無能力者を監督するということはできない。

③法定の監督義務者でなくとも、監督義務を引き受けたとみるべき特段の事情がある場合には、民法714条に基づく損害賠償責任を問うことができるが、その場合には、精神障害者の行為に係る責任を問うのが相当といえる、客観的状況が認められるか否かから判断すべきであるとした。

最高裁は、①、②で高裁の判決を否定し、③については、妻Bは、当時85歳で自ら要介護状態にあり、長男の妻Gの助けを受けてAの介護を行っており、Aの第三者に対する加害行為を防止するために、Aを監督することが現実的に可能な状態であるということは言えず、妻Bは、Aの法定の監督義務者に準ずる者には当たらないとしたのである。

これによって、妻Bの損害賠償義務は否定された。

さて、この事故をめぐる裁判が大きな注目を浴び、介護関係者が問題だと指摘してきたのは、1審、2審の判決のとおりであれば、認知症高齢者を自宅で介護することがほとんど不可能になる、と懸念されたからである。

ＪＲ東海から損害賠償請求をされた家族が行ってきた介護は、その期間は5年を超えていた。高齢の夫Aを高齢の妻Bが介護する「老老介護」を助けるため、横浜市に居住する長男の妻Gが、夫の実家の近隣に単身移り住んで、ともに介護に当たっていた。事故当時は、週6回デイサービスも利用していた。また、電源が切られていたとはいえ、自宅の出入り口部にはセンサーを設置するなどの配慮もしていた。

そうした状況にあって、妻が短時間まどろんでいた際に認知症高齢者が外出してしまったことで、損害賠償責任が認められることになれば、わが国で認知症の介護をしているほとんどすべての家族に、このような損害賠償責任が生じかねない。認知症を抱える家族にとっては、あまりに過酷な判断ではないかという批判の声であった。

これで家族の責任が認められるのであれば、問題を回避するために、在宅で介護する場合には、認知症の家族から一時も目を離すわけにはいかなくなる。認知症高齢者を「監禁」とも言うべき状態にしなければ、事実上不可能だ。かつてわが国では、精神障害者を自宅に閉じ込める私宅監置が、１９５０年に精神衛生法で禁止されるまで続いていた。認知症高齢者をかつての私宅監置の世界に連れ戻すことになる。

そこで、在宅介護をあきらめ、施設を選択することになる。その場合には、施設側にも同様の監督義務が問われることになる。そして、賠償責任が生じることを避けるため、施設の出入り口を施錠したり、身体拘束を行うなどの方策に走ることになりかねない。身体拘束ゼロを掲げ、「認知症になっても、その人の尊厳を支える介護」を目指すと言う、わが国の介護政策の基本が揺らいでしまう。

このような事態を招来しかねない1審、2審の判決を否定した今回の最高裁の判決は、すでに多くの認知症高齢者を抱え、かつ、今後急速に増加するわが国にとって、結論において妥当であり、評価できるものである。

「地域包括ケアシステム」政策を進める必要

そうは言っても、今回の最高裁の判決は、介護政策にとっての悪影響を防いだだけである。問題は、認知症高齢者本人およびその家族、そして社会が直面している多くの課題に対して、その解決策をわれわれの手で探っていかなければならないということである。単に、悪影響を防いだだけでは、現実に対していささかの変化もなしえていないことを、私たちは確認する必要がある。

原点に立ち返って、本件のように認知症の高齢者が出歩いて事故に合うことのないような街づくりをしていくことがわれわれに課せられた課題であり、まさに、医療・介護が必要になっても、住み慣れた地域で暮らし続けられる社会をつくるという「地域包括ケアシステム」の構築という政策をさらに、強力に進める必要がある。

それでも、本件のような認知症高齢者に係る事故が生じることは避けられない。その場合、どうしたらよいのだろうか。

そもそも1審、2審の判決が家族に損害賠償責任を認めたのは、責任無能力者で賠償責任が問えない場合、民法において監督義務責任者に責任を問う途が開かれ、これまで被害者を救済するため、ほとんど無過失責任に近い損害賠償責任を監督義務者に課してきたという判例の流れに沿ったものであった。

本件の場合、巨大企業であるＪＲ東海が、鉄道事故で死亡した認知症家族に損害賠償を求めるという構図であり、ＪＲ東海の対応を疑問視する傾向があったが、被害者が零細企業や個人であった場合のことを考えると、その救済をどうしていくかは残された課題である。

本件に即して言えば、認知症高齢者を抱える社会的コストとしてＪＲ東海が負担し、それを運賃に反映させる形で利用者の負担に転嫁していく、というのが基本であると考える。具体的な仕組みを構築していくためには、関係者の叡智の結集と社会的コンセンサスの形成が求められる。

（MEDIFAXweb　２０１６年３月３日）

『2015年の高齢者介護』と小山剛さんのこと

3月（2015年）に急逝された小山剛さんを「偲び、語る会」を、3団体共催で6月13日に全社協・灘尾ホール（東京都・霞が関）で開催した。小山さんと親交があった16名が登壇し、それぞれの知る小山剛さんを語った。学生時代から亡くなるまでの間の歩みが、多角的に示され、故人の魅力的な人柄と生前の幅広い活躍ぶりが浮き彫りになった。

私が小山さんと最初に出会ったのは、2003年4月16日のことである。当時、厚生労働省の老健局長として、05年の介護保険制度の見直しに向けて「高齢者介護研究会」（座長：堀田力氏）を開催していた。その4回目にゲストスピーカーとして招いた5人のうちの一人が小山さんであった。振興課長であった香取照幸氏（現、年金局長）が小山さんを推挙したと記憶する。その香取氏も「偲び、語る会」に登壇予定であったが、日本年金機構不正アクセス事案への対応に追われて欠席されたのは残念であった。

高齢者介護研究会での小山さんのプレゼンテーションは素晴らしく、同じ日のゲストであった宮島渡さん、川原秀夫さんの報告とも相俟って、その後の高齢者研究会の方向性を決定的なものとした。すなわち、在宅支援機能の強化、施設機能の地域展開、新たな「住まい」の充実、施設の居住性の向上などである。

その年の6月には、報告書『2015年の高齢者介護』がまとまった。「地域包括ケアシステムの確立」の必要性が記述されたのも、政府関係ではこの報告書が初出である。この報告書に沿って、05年の介護保険法改正で、地域密着型サービス、小規模多機能型居宅介護、地域包括支援センター、地域支援事業などが創設された。新たな「住まい」については、かなり時間が経過してからサービス付き高齢者住宅が登場した。

『2015年の高齢者介護』を体現するかのごとく、小山さんはこの10年間、トップランナーとして走り続け、報告書が説くところを長岡の地で実現し、私たちの前に示してくれた。彼の実践に多くの人々が刺激を受け、励まされ、あるべき高齢者介護の確立を目指す各地の取組みに繋がってきた、と私は思う。

『2015年の高齢者介護』から10年余が経過し、現実に15年を迎えたこの時点で振り返ると、時の流れの速さに驚くばかりだ。目下、25年を目標に医療・介護改革が進行中である。25年までの持ち時間は極めて少ないのだ。この改革の時期を控え、小山さんの不在を思い、喪ったものの大きいことを痛感する。

(『医療と介護 next』2015年 No.5)

介護保険の「正史」の登場

２０００年４月に介護保険制度が実施されてから16年が経過している。国民皆保険が達成された１９６１年からの歴史を振り返ると、激動の歴史である。１９６０年代は、医療保険財政がひっ迫し、健康保険法の改正法案がたびたび国会に提出され、与野党対決法案となって常に国会での大争点となった。１９７３年には老人医療費の無料化も行われ、以来、老人医療費をどう賄うかが今日まで課題であり続けている。

それに比較すると、介護保険制度は、２００５年、11年、14年と改正が行われたにせよ、介護保険制度の基本は維持されており、極めて安定的に運営されている。社会保障制度史上も、皆保険・皆年金の達成以来の新たな社会保険制度の発足であり、「第二国保」になるのではないか、「保険あって給付なし」になるのではないか、など多くの懸念の中でスタートした介護保険であるが、この16年間、大きな成果を上げてきた。現行の介護保険制度の制度設計が極めて優れていたからだ。

とはいえ、世界に類を見ない超高齢者社会となり、人口減少局面に入って久しいものがある。現在進行中の社会保障改革でも、医療、介護が主戦場と目され、介護保険制度の見直しを求める声も高まっている。今こそ、介護保険制度の原点に立ち返っての検討が必要だ。それ自体、介護保険制度の成功の証だろうが、介護保険には自称、他称の「生みの親」、「育ての親」と言われる人が多く、さまざまな「物語」が流布しているが、制度の検討材料としては物足りない。

制度スタート16年を経て、「介護保険制度の創設に直接かかわった者たちが、その基本構想から法施行までを書き綴った通史」であり、「第1次資料を基に客観的な叙述」を目指した『介護保険制度史』が刊行された（社会保険研究所刊）。700頁を超える大著である。編著者は、介護保険の創設に従事した大森彌（元・「高齢者介護自立システム研究会」座長」、山崎史郎（前・地方創生総括官）、香取照幸（前・雇用均等・児童家庭局長）、菅原弘子（元・「介護の社会化を進める1万人委員会」事務局長）、稲川武宣（元・介護保険制度施行準備室長補佐）の5名。介護保険制度の創設に直接関わった5人の共同著作によって、われわれは、ようやく介護保険制度の「正史」を得た。700頁を超える著述に「当時の構成をはじめ行政官の個人名は掲げていない」という態度もすがすがしく、かつ、その見識に打たれる。

介護保険にかかわる者、必読の一書である。

（『医療と介護 next』2016年 No.4）

北京で高齢者介護を考える

5月（2014年）の連休の後半に北京を訪問した。中国第3回高齢者福祉サービス展の開催に合わせ開かれるシンポジウムに出席するためだ。「高齢化と高齢者サービス」というテーマのシンポジウムを担当する中国国家リハビリテーション研究センターから、筆者が勤務する国際医療福祉大学に「日本の高齢化と高齢者リハビリテーション」について語る演者を派遣してほしいとの要請があり、急遽筆者が対応することになったのだ。

北京オリンピックのメインスタジアムであった「鳥の巣」に隣接する「国家会議センター」という巨大な会議場を会場に、大規模な「高齢者サービス展」と多くのシンポジウムが開催されていた。

現在の中国の人口は13・5億人である。30年以上続けられている一人っ子政策の結果、出生率は持続的に低下し、生産年齢人口はすでに12年から減少に転じている。総人口も31年に14・5億人をピークとして、以後減少に向かうという。一方、経済の発展とともに保健衛生水準が向上し、平均寿命は年々伸びており（２０１０年：男72・４歳、女77・４歳）、高齢化が急速に進んでいる。２０１２年の高齢化率は９・４％とまだ若い国であるが、65歳以上人口は１・27億人と日本の総人口に匹敵する。２０４０年には高齢化率は23・３％と現在の日本と同水準となり、65歳以上人口は３・１億人に達する。

人口の高齢化において、日本は30～40年ほど中国に先行しているので、日本の高齢化の経験に対する関心は非常に強いものがあった。シンポジウムにはアメリカ、カナダ、香港、北欧など海外の発表者も参加しており、国際色豊かなものであったが、基調講演を行った国家リハビリテーション研究センターの李総長は「日本からの参加者を得て、日本の経験を学ぶことは極めて有意義」を繰り返し強調していたことも、日本への関心の高さを示すものであった。

現在の中国は、経済発展の状況や人口の高齢化も含め、１９７０年頃のわが国に近いというのが、お会いした日本大使館の書記官や日本企業の駐在員の方々の意見であった。

１９７０年と言えば、日本ではすでに国民皆保険・皆年金が達成されており、社会保障制度の骨格が整っていた。これに対し、現在の中国では、医療保険は都市従業員医療保険、都市住民医療保険、農村医療と３本建てで、制度間の格差が極めて大きいと言う。

国家リハビリテーション研究センターの病院（１３００床）を視察したが、同じ医療行為でも、普通の医師の請求できる額は15元である時、上級の医師が行えば３００元を請求できるという「格差」が容認されている。富裕層向けの民間病院が存在し、そこでは普通の医師で２０００元、上級の医師で２万元と、国営病院と比較して極めて高い医療費を得ているが、これが中国では「公平」と考えられているようだ。

わが国では皆保険達成からほぼ40年後に介護保険制度が創設されている。医療と比較し、介護は「混合介護」が認められるなど、自由度は大きいとはいえ、極端な格差を想定はされていない。極めて平等主義的に運営されてきた国民皆保険の経験の上に立って、わが国の介護保険が運営されている。中国の医療の現状を見る時、中国での高齢者介護は、日本とは相当違った形になるように思われる。

これまで高齢化は、先進国のみの現象であった。わが国では、高齢者が増え、若い人が減る。しかし、支えられる高齢者は年金制度の恩恵も受けて比較的裕福である。国民すべてをカバーする年金制度の存在が、介護保険制度や後期高齢者医療制度の前提になっている。この点でも、中国は課題が多い。

経済発展を遂げている中国であるが、一人当たりＧＤＰは５４５０ドルで、日本（４万５９００ドル）と比較してもまだまだ低い。高齢化する中国の前には、わが国以上の困難が横たわっていると、帰りの機中で思いをめぐらした。

（「こくほ随想」２０１４年６月）

北京再訪

５月（２０１５年）の連休の最後に北京に出張した。第４回中国国際高齢者サービス博覧会が開催され、その「高齢者リハビリテーションと介護に関するフォーラム」で「日本の高齢者介護の現状と課題」を報告した。昨年も参加したので、１年ぶりの北京であったが、訪問するたびにその急速な発展ぶりに驚かされる。

急速な高齢化と高齢者の介護は、中国にとっても大問題である。高齢化率は９・７％（２０１３年）と日本の１９７０年代と同程度の低さである。13・７億人の巨大人口を抱える国であり、65歳以上の者は１・３億人と、日本の総人口をすでに上回っている。要介護高齢者数も約４０００万人に上る。日本の要介護高齢者数（約５６０万人）と比べて桁外れに多い。現在の日本並みの高齢化率に到達するのは２０４０年頃とされるが、その時の高齢者人口は３億人を超えるものとなる。中国が高齢化先進国である日本の取り組みに関心を寄せるのは当然である。

日程の合間を縫って、２０１４年11月にオープンした北京市内の高級老人ホームを訪問した。

定員は270名で4階建てであり、ハードウェアの水準は日本の高級有料老人ホームと比較して遜色のないものであった。入居費用は月額20〜40万円で、北京の退職公務員の年金が5万円程度という水準からすると極めて高額である。驚いたのは、この老人ホームは実験施設で、隣地（公園）の30万㎡の土地を確保しており、3〜5年に10棟で3000人分の高齢者ホーム棟を建設するという方針だ。敷地内には病院、ホテル、介護職員の研修施設なども建設する。総費用は600〜1000億円という大プロジェクトである。不動産業と医療機器の2企業が出資者ということであるが、高齢者介護事業の進め方は極めて中国流で、規模が大きい。

視察に同行した在北京日本大使館の西川書記官によると、北京市内でこれに類似したプロジェクトがいくつか進行中であると言う。昨年北京であった老人ホームの施設長が、中国でも有数の金融コンツェルンの系列会社に移籍したりしていた。

介護ビジネスを中国で展開している日本企業のトップとフォーラムの懇親会で会った。「中国は介護保険がないので、ビジネス環境は日本とは全く異なる。ここで仕事をしていると、介護ビジネスの原点に戻らざるをえず、勉強になる」と語っていたのが印象的だった。経済が急速に発展する中で、格差も広がっているという中国で、どのような高齢者介護が作られていくのか、日中の高齢化対応に思いを巡らせながら帰途についた。

（『医療と介護 next』２０１５年 No.3）

医療の現在

日本の医療費を考える

長らく、主として医療界において「わが国の医療費は国際的には低く、その低い医療費でパフォーマンスの高い医療が行われている」と主張されてきた。確かに、OECDの医療統計（Health Statistics）を見ると、わが国の医療費の対GDP比は2000年では7・3％であり、OECD諸国の平均である7・8％を下回っていた。同じく05年では、日本8・0％に対しOECD諸国の平均は8・7％であり、「わが国の医療費は低い」という状況が続いてきた。

しかし、09年の日本の医療費はOECD諸国の平均に近づき（日本9・4％。OECD平均9・6％）、10年には、遂にOECD平均を上回ったのである（日本9・5％、OECD平均9・4％）。最新のOECD Health Statistics 2014では日本の医療費は11年までしか出ていないが、対GDP比は10・0％でOECD平均9・2％を大きく超えている。12年のOECD諸国の医療費は9・3％にとどまっており、わが国の医療費の対GDP比は12年も上昇していることは確実なので、両者の差はさらに広がっている。もちろん、わが国の高齢化率の高さを考えれば、わが国の医療費が「高い」とも言えないのであるが、これまでのように単純に「低い」とは言えないのである。

さて、そのわが国の12年度の国民医療費（ＯＥＣＤ統計の医療費に比べて範囲が狭い）は、39兆２１１７億円（対ＧＤＰ比は８・30％）である。これは前年度38兆５８５０億円（対ＧＤＰ比８・15％）に対し６２６７億円の増で、伸び率１・６％となっている。13年度の医療費については、厚生労働省が公表したメディアスの医療費統計（医療保険医療費＋生保の医療費で国民医療費よりやや範囲が狭い）があり、13年度の医療費の伸び率は２・２％となっている。

従来、わが国の医療費は、制度改正や診療報酬などの改定がない年は、３〜３・５％程度の伸びを示してきた（２００９年、10年度、11年度の国民医療費の伸び率は、それぞれ３・４％、３・９％、３・１％）。これに比して、12年度、13年度の医療費の伸びは、明らかに低下している。

その原因は何であろうか。医療費＝「１日当たりの医療費」×「受診延べ日数」であるので、両者の動きをメディアスでみると、「１日当たりの医療費」は、従来と変わりなく、一定の伸びを示している。しかし、「受診延べ日数」は、12年には０・９％低下し、13年度には０・８％低下している。そして入院、入院外の両者において「受診延べ日数」が減ってきている。入院については入院期間の短縮があり、入院外については患者数が減少しているのだろう。

メディアスでは、さまざまな角度から医療費を捉えられる。13年度の医療費の構成を「制度別」にみると、被用者保険28・8％、国民健康保険29・9％、後期高齢者医療36・1％、公費5・1％となっている。後期高齢者医療のシェアが前年度の35・6％から0・5ポイント拡大している。「種類別の医療費」では、医科の入院40・2％、入院外34・7％、歯科6・9％、調剤17・9％となっている。調剤医療費シェアが0・6ポイント増えている。

「医療機関種類別の医療費」では、医科の病院53・4％、診療所21・5％、歯科6・9％、保険薬局17・9％となっている。保険薬局が医科の診療所との差を3・6％まで詰めてきている。筆者が1980年代半ばに厚生省保険局医療課で診療報酬改定を担当していた当時は、歯科の医療費が10％程度、調剤が2〜3％程度であったので、様変わりに驚かされる。

入院と外来という観点からみると、入院が40・2％、入院外＋調剤が52・6％であり、入院外の費用が全医療費の過半を占めている。入院外の医療費の6割が診療所、4割が病院であり、その結果、病院医療費が全医療費の過半を占めており、診療所は2割を若干上回る状況となるのだ。

病院数は約8600であるが、中小病院が多数（200床未満の病院が69％）である。しかし、入院医療費は、200床未満の病院が29％、200床以上の病院が71％であり、大病院のシェアが大きい。1施設当たりの年間の医療費は、大学病院162億円、公的病院49億円、法人病院16億円、個人病院7億円、医科診療所1億円、歯科診療所0・39億円、保険薬局1・3億円となっている。
２０２５年までを目標とする医療提供体制の改革は、以上の現状から出発し、地域においてふさわしい医療提供体制を構築しなければならない。

（「こくほ随想」２０１４年11月）

医療費の伸びはなぜ緩やかになったのか
——近年のデータを読む——

最近の日本の医療費をどう読むか？

やや教科書的になるが、医療費の種類から始めよう。２０１１年度の日本の医療費である。「医療保険本体の医療費」は36・1兆円。これに生活保護などの公費負担の医療費を加えた「医療保険制度等の医療費」は37・8兆円。これに労災医療費、全額自費の医療費を加えた「国民医療費」が38・9兆円。ＯＥＣＤでの国際比較のために妊娠分娩費用、予防に係る費用等を加えた「総保健医療支出」が47・5兆円である。

医療費の国際比較は、ＯＥＣＤが公表しているHEALTH DATAで知ることができる。少し前までは、「日本の医療費は外国よりも低く、日本の医療の効率性を示すもの」として、医療界が盛んに強調していたものである。HEALTH DATA 2009では、加盟国の平均が8・9％に対し、日本は8・1％（2005年）で平均を下回っていたからである。

ところが、HEALTH DATA 2012では、日本の医療費（2009年）の対GDP比は9・5％とOECD加盟国の平均と並び、以後、平均を上回る状態となってきている。最新版はHEALTH DATA 2014であり、日本の総保健医療支出（2012年）の対GDP比は10・3％で、加盟国の平均9・3％を上回り、加盟国34か国中10位であり、スウェーデン9・6％（12位）、イギリス9・3％（16位）、イタリア9・2％（19位）などより上位に位置している。

対GDP比が上昇したのは、日本の医療の質や量が飛躍的に充実したからではなく、「分母」であるGDPが大きくならず、他方、医療費は着実に増加を続けたからに他ならない。筆者はかねてから「単純に医療費の対GDP比だけで議論していると、将来足をすくわれることになる」と警告していたが、懸念していたとおり、昨今の「医療費削減」議論では、日本の医療費はすでにOECD加盟国の平均を上回る高さになっており、「効率化が足りず、切り込みが必要だ」と従来の議論とは逆に利用されているのである。

2015年度の厚生労働省予算の医療費の国庫負担額は11兆1631億円となっており、年金の国庫負担額11兆527億円を抜いて、同省予算中最大のシェア（37・6％）を占めている。

国の公共事業予算が5兆9111億円、文教および科学振興予算が5兆3613億円、防衛費が4兆9801億円であるから、もし厚生労働省から「医療省」を独立させると、予算では国土交通省、文部科学省、防衛省を遥かに上回る巨大官庁となる。医療費は国の予算にとっても極めて影響が大きく、財務省が神経をとがらすのは当然である。

筆者は1996年に厚生省保険局企画課長（現、総務課長）を務め、省内の医療費を統括する立場であった。当時は、政府管掌健康保険の収支は社会保険庁が、国民健康保険の収支は保険局国民健康保険課が、老人医療費は老人保健医療局が、それぞれ自分の都合の良いように主張するので、その調整は困難を極めたことが思い出される。今日では、この作業は保険局内で完結するので、当時よりは作業は円滑になっているはずだ。

「患者数減少」が医療費を抑制

国の予算編成や保険者の財政で問題になるのは、医療費の伸びである。最近の医療費の伸びはどうであろうか。国民医療費の統計は2012年度までしか公表されていないので、2015年1月分まで公表されている厚生労働省保険局のメディアス（医療保険制度などの医療費）」をみると、目につくのは近年の医療費の伸びの低さである。

2012年度の伸び（対前年同期比）は1・7%、2013年度の伸びは2・2%である。2014年度は2015年1月までの医療費であるが、対前年同期比で1・6%となっている。

従来、わが国の医療費は毎年3～3・5％程度伸びていると考えられてきた。その根拠は、医療保険制度や診療報酬改定の影響の少ない年の医療費の伸びをみると、2005年3・2％、2007年3・0％、2009年3・4％、2011年3・1％であったからである。2012年度以降の医療費の伸びは、それ以前の医療費の伸びに比べ、極めて低いと言わざるを得ない。

2012年度、2014年度は診療報酬改定年であり、2012年は0・004％のプラス改定、2014年は消費税対応分を加えると0・1％となっているので、なおさらこれらの年の伸びの低さが目立つのである。

医療費の伸びについては、診療報酬改定や患者負担の見直しなどの制度改正の影響を除くと、「人口の高齢化」と「医療の高度化等」の要因に分解される。「毎年3～3・5％程度の伸び」の枠組みの中では、「人口の高齢化」が1・5％前後の影響が見込まれてきた。2008年以降、わが国の人口が減少に転じているので、それ以前は0・1％程度あった「人口増の影響」が近年はマイナス0・2％程度となっている。これで0・3％程度の低下は説明できるが、最近の伸びの低下はそれ以上である。

なぜ、医療費の伸びが低下しているのだろうか。ジェネリックの普及の議論がやかましいので、薬剤比率の推移を調べてみた。2009年から2013年まで、医科の薬剤料は23・5％から24・1％へ、薬局調剤の薬剤料は74・0％から74・4％へと横ばいないし微増であり、削減されているとは言い難い。

そこで、医療費を「一日当たり医療費」と「受診延日数」の要素に分けて検討してみた。

「一日当たり医療費」の対前年同期比の伸び率は、2010年度3・8％、2011年度3・2％、2012年度2・6％、2013年度3・1％、2014年度（2015年1月分まで。以下同じ）2・0％と若干、変動しながら、横ばい乃至微減である。2010年度の医科入院の伸びの5・9％が、2013年度は2・1％と低下してことが目立つ。入院を重視した2010年の診療報酬改定の影響が出ている。これに対し、医科入院外はこの間2％前後で比較的安定した伸びとなっている。

一方、「受診延日数」の伸びは、2010年度は0・1％の増加であったが、2011年度はマイナス0・1％、2012年度マイナス0・9％、2013年度マイナス0・8％、2014年度マイナス0・4％と減少を続けている。医科については、入院・入院外を問わず、2011年度以降マイナス続きである。

病院報告でみると、1日平均在院患者数は、1991年の140万7260人から2012年の128万7181人へと、この間8・5％減少している。1日平均外来患者数は2000年の181万9990人から2012年の139万7864人へと22・8％減少している。患者数が減っているのである。

患者数の減少の原因は何か。一つは、入院期間が短縮している。医科の1件当たり入院日数は、2010年度の16・2日が2014年度には15・7日となっている。この4年弱の間に3・9%の減少である。その背景にはDPC対象施設の増加があるのではなかろうか。

医科入院外の1件当たり日数も、2010年度の1・75日から2013年度には1・65日まで低下した。この間、5・7%の減少である。その原因としてはさまざまあるのであろうが、「内服処方せん1枚当たりの薬剤料」を見ると、1種類当たりの投薬日数は2013年度でも3・5%の伸びを示している。長期投薬による通院件数の減少の効果が続いているようだ。

診療所に迫る調剤薬局の医療費

医療費の議論のもう一つの焦点は、その配分である。30年前であるが、保険局医療課で課長補佐として1985年および86年の診療報酬改定を担当した。当時（1985年度）の医療費を診療別にみると、医科が87%（入院44%、入院外43%）、歯科11%、調剤2%という構成であった。医科の機関別では病院57%、診療所30%であった。現在（2013年度）では、医科が75%（入院40%、入院外35%）、歯科7%、調剤18%となり、医科の機関別では病院54%、診療所21%となっている。医薬分業の進展によって調剤が急増し、診療所21%と調剤薬局18%で両者の差が3

ポイントまで近接してきていることに、改めて驚かされる。医療費の配分もこの30年間で大きく変化したのだ。

２０１１年から12年にかけて医療保険医療費は６０２１億円増加したが、うち65歳以上の者の医療費の増加が５８９５億円で増加額の97・９％を占めている。医療費の伸びのほとんどすべてが高齢者の医療費の増加なのだ。政府の予測では、２０２５年までに医療給付費が２０１２年の35・１兆円から54・０兆円と１・36倍増加すると言う。周知のように、２０２５年までに増加する65歳以上の６割は大都市圏で生じるとされる。だとすれば、医療費の増加状況も地域によって大きく異なってこよう。その医療機関がどこに立地するかは、医療経営を考える上でますます重要になってくる。

筆者が信頼する数理の専門家によれば、「現状投影型」で２０２５年の外来ニーズを推計すると、全国平均で、２０１５年と比べてわずかに１・４％の増加しかない、さらに２０４０年には２０２５年と比べ６・１％減るという結果になるという。これから外来は、２０２５年までほとんど増えず、その後は減るのだ。

その推計の確度については議論があるにしても、最近の医療費の動向からして「そうなのか」と思わず肯かされる話だ。

医療ニーズは大きく変化してきているのだ。これまでと同じ医療を、漫然と続けていく医療経営者には、明るい未来はなさそうだ。

（MEDIFAXweb　２０１５年６月17日）

「医療費の適正化」は実現できるか

機械的試算では厳しい結果に

今回（2015年）の骨太方針に書かれていることを文字通りに受け止め、これまでの予算の実績を踏まえて「愚直に」適用すれば、どうなるか機械的に試算してみた。

2006年度から15年度までの10年間の厚生労働省予算の社会保障関係費の増加額の合計は10兆9237億円であり、年平均1兆924億円となる。年間の伸びを0・5兆円にとどめるということは、10年間の平均の伸びを半減させることを意味する。「目安」であるとしても相当厳しいものだ。

この10年間は、民主党への政権交代があったり、リーマンショックや東日本大震災が生じた期間である。社会保障関係費の伸びについても「異常な時期」であったかもしれない。第2次安倍政権になっての13～15年度の予算について見ると、その伸びは年平均8150億円である。この場合でも、年3150億円の伸びの削減が必要だ。小泉内閣が設定した「骨太2006」による社会保障関係費の伸びの削減が、年間2200億円であったことは記憶に新しい。今回の骨太方針はそれをはるかに上回る厳しさとなる。

しかしながら、以上はあくまでも機械的試算だ。関係者によれば、今回の「骨太2015」は、毎年2200億円を一律に削減するという削減ありきの「骨太2006」とは異なると言う。あらかじめ削減幅を決めるのではなく、あくまでも給付と負担のバランスをとることに力点が置かれている。

そもそも社会保障関係費の自然増は、経済の伸びによって変動する。従来、社会保障関係費の自然増は8000億円程度と見込まれてきた。最近、医療費の伸びが鈍化してきており、社会保障関係費の自然増は低下基調にある。16年度の予算編成の際には自然増は下方修正されるだろう。加えて、これまでに実施された制度改革や診療報酬・介護報酬改定の平年度化分の効果を見込む必要がある。さらに、現在進行中の医療・介護提供体制の改革による病床削減の効果、データヘルスなどを活用した予防の効果も、進捗状況に応じて見込むこととなる。このような諸点を考慮に入れて、具体的な予算編成作業が行われることになるので、先に述べたような機械的な試算による要削減額とはならず、これまでのような政策努力を継続すれば、達成できる「目安」であると理解される。

繰り返された「適正化」要求

それにしても、社会保障関係費の伸びの抑制努力は不可欠であり、医療費の伸びの抑制が求められていることは事実だ。

医療保険制度改革の歴史をひもとけば、国民皆保険の達成以来、医療費と国民経済のバランスが課題であり続けてきた。1960年代はそれが政府管掌健康保険（現、協会けんぽ）の財政問題として、73年の老人医療費無料化以降は、増え続ける老人医療費をどのように賄っていくのかという問題として対応が迫られた。当時から「適正化」が強調されてきたが、この言葉は「薬価基準の適正化」「診療報酬の適正化」のように、医療保険制度を構成する要素の改革を示すものとして使われてきた。

「増税なき財政再建」をスローガンに掲げた80年代前半の第二臨調の下で、医療保険改革が掲げられ、医療費の伸びを国民所得の範囲内にとどめることを目指した。そうした中で「医療費の適正化」が政策の前面に掲げられたが、その中身は、診療報酬の合理化、薬価基準の適正化、レセプト審査の充実、指導監査の強化など、やはり「部品」の寄せ集めであった。

90年代に入ってバブルがはじけ、わが国の経済が長期的低迷に陥り、医療保険財政が悪化し、累次の医療保険改革が求められた。2000年に小渕首相が首相官邸で開催した「社会保障構造のあり方について考える有識者会議」の報告書「21世紀に向けての社会保障」において、高齢者医療の見直しについて「どのような負担の仕組みをとるとしても、医療費、特に伸びが著しい老人医療費については、経済の動向と大きく乖離しないよう、何らかの形でその伸びを抑制する枠組みをつくらなければならないのではないか」との一文が入った。

これを受けて02年の医療保険制度改革では、患者の窓口負担3割への引き上げ、同年の診療報酬マイナス改定と並んで、医療費の「伸び率管理」が大きな争点となった。結局、「伸び率管理」の導入は見送られたが、その後の経済財政諮問会議において、民間議員を中心に医療費の総額抑制の提案があり、再び「伸び率管理」が浮上した。医療費の伸びを機械的に経済成長の伸びの範囲内にとどめることは適当でないとする厚労省との間で、激しい攻防が繰り広げられた。

再び、総額抑制そのものは見送られたが、「骨太2005」で「医療費適正化の実質的な成果を目指す政策目標を設定し、……達成のための所要の措置を講ずることとする」との方針が閣議決定された。これを受けて、06年の医療保険制度改革で高齢者医療確保法において医療費適正化計画が策定されることとなった。予防（特定健診・保健指導の実施率）と医療の効率的提供（平均在院日数の縮減）が主要な柱であった。

今国会に提出され、5月27日に成立した「持続可能な医療保険制度を構築するための国民健康保険法等の一部を改正する法律」において、医療費適正化計画は、進行中の医療提供体制の改革と整合性を図るものとされた。都道府県が策定する地域医療構想と整合的な医療費の目標（医療に要する費用の見込み）の設定を求め、医療費が目標を著しく上回った場合は、要因を分析し、その解消に向けて必要な対策を講じることを国と都道府県に求めている。社会保障制度改革推進法が求める皆保険の維持のためには、提供体制の改革こそが求められると言う、社会保障制度改革国民会議の報告書が示した方針を踏まえた改正だ。

骨太2015、医療費抑制項目の「全面展開」

そこで「骨太2015」に戻ると、「主要分野ごとの改革の基本方針と重要課題」として、社会保障について5頁にわたり記述しているが、その各論4頁のうち3頁半を医療・介護に割いている。年金はわずか5行しかなく、いかに医療が削減のターゲットとして期待されているかが分かる。

3頁半にわたる記述は「医療・介護提供体制の適正化」「インセンティブ改革」「公共サービスの産業化」「負担能力に応じた公平な負担、給付の適正化」「薬価・調剤等の診療報酬および医薬品等に係る改革」と、医療費の抑制に資する項目の「全面展開」となっている。その中で、医療費適正化計画については、今年度中に「国において目標設定のための標準的な算定方式を示す」とともに、「都道府県別の1人当たり医療費の差を半減させることを目指す」と明記している。また、後発医薬品の数量シェアの目標値も２０２０年度末までのなるべく早い時期に80％以上とすると書き込まれている。

問題は、その実現可能性である。

今回の医療保険制度改革法は、わずか1月半足らずの審議で成立した。１９６０年代や70年代の健保法改正は、数国会を通じて継続審議となり、その上で廃案になることが珍しくなかった。今回の法案には、従来であれば「患者負担増」として大きな争点になっても不思議ではない入院時食事療養費の見直しや、紹介状なしの大病院受診に対する定額負担の導入が含まれている。驚くべき早期成立である。医療費が伸び続ける中で保険料負担などの増大を少しでも抑えるよう努力しないと、医療保険制度の持続可能性自体が危ぶまれるということへの認識が、一般に定着してきたということであろうか。

このような状況の渦中にあって、医療費適正化が計画どおり実現するのか、今後の展開を注視したい。

（MEDIFAXweb　２０１５年7月17日）

地域医療構想、目指すべきは「良質・効率的な医療」

小泉政権後、特に２００９年の民主党への政権交代前後には、社会保障をめぐる厳しい政治的な対立が続き、中でも医療制度改革は他の社会保障制度と同様に立ち往生を余儀なくされてきた。再び社会保障改革が動き出したのは、民主党が「社会保障と税の一体改革」についての提案をし、２０１２年６月に自公民３党の合意が成立してからのことである。

現在進行中の社会保障改革は、３党が提案した社会保障制度改革推進法（12年8月）、同法に基づき設置された社会保障制度改革国民会議の報告書（13年8月）、それを受けて政府が提案したプログラム法（13年12月）に基づいて進んでいる。

２０１４年２月には政府が医療介護総合確保推進法を国会に提出し、医療、介護関係法案19本の改正が行われた。その中の医療法改正で、病床機能報告制度と地域医療構想が規定された。

その医療介護総合確保推進法により、15年4月以降、都道府県が地域医療構想を策定することが決まった。地域医療構想は、構想区域（２次医療圏を原則とする）単位で策定される。地域医療構想は、2025年に向けての病床の機能分化・連携を進めるために、医療機能（高度急性期・急性期・回復期・慢性期の4機能）ごとに2025年の医療需要と病床の必要量を推計し、定めるものである。併せて、目指すべき医療提供体制を実現するための施策を盛り込むこととされている。

この医療構想の策定に当たっては、「病床機能報告制度（医療機関が自己の病棟ごとに医療機能の現状と今後の方向性を自主的に選択して都道府県に報告する制度）」を活用することとなる。

都道府県が地域医療構想の策定を開始するに当たり、厚生労働省で推計方法を含むガイドラインを策定することになっていた。このため、2014年9月から厚労省医政局に「地域医療構想策定ガイドライン等に関する検討会」が設置され、検討が進められてきた。他方、「社会保障制度改革推進本部」（本部長：総理）の下に14年8月、「医療・介護情報の活用による改革の推進に関する専門調査会」が設置され、こちらでも検討が進められてきた。

これらの検討が収斂する形で、去る3月18日に厚労省の検討会で2025年の医療需要と病床の必要量の推計方法とガイドラインが取りまとめられた。

将来の医療需要や病床の必要量について、国が示す方法に基づいて都道府県が推計することになる。それは、医療機能ごとに医療需要を算出し、それを病床稼働率で割り戻して、病床の必要量を推計するというやり方だ。

具体的には、高度急性期、急性期、回復期については、医療資源投入量で区分し、それぞれの患者数を推計する。慢性期病床は、療養病床において医療資源投入量という分析ができないことや、療養病床数や在宅医療・介護施設の地域差が大きいことから、療養病床の患者を将来どの程度、慢性期病床で対応するかを都道府県が定めて患者数を推計する。その際、療養病床の入院受療率の地域差を一定の目標まで縮小することが求められる。

以上の推計方法を規定した省令が公布され、地域医療構想ガイドラインが発出された。いよいよ4月から都道府県が地域医療構想の策定を始めることになる。

地域医療構想を読み解くための〝医療法改正の歴史〟

地域医療構想を深く理解するには、これまでの医療法改正の流れなどを抑えておく必要がある。

わが国の病院を規制する法律である医療法は、1948年に制定以来、長らく実質的な改正がなかった。85年の医療法の改正により、ようやく病床規制がスタートし、病床数は93年をピークに微減の傾向となっている。

次に、病床区分の分化が進められた。精神病床、伝染病床、結核病床以外の病床は「その他の病床」と規定されていたが、92年の医療法改正で療養型病床群が制度化された。2001年の改正で、療養型病床群を含む「その他の病床」は、「一般病床」と「療養病床」に区分することになった。この結果、病床は一般、療養、精神、感染症、結核の5種類となった。以後、一般病床の更なる機能分化が課題とされてきた。08年には福田内閣の下で社会保障国民会議が設置され、「医療・介護サービスのあるべき姿」の実現がうたわれた。会議の報告書では機能分化の将来像も示したが、実施に移されることなく、民主党への政権交代の波に飲み込まれてしまった。

10年6月、民主党政権下で「新成長戦略」が閣議決定され、医療提供体制に関するグランドデザインを策定することになった。これを受け、10月15日に社会保障審議会医療部会が再開した。しかし、「一般病床の機能分化と急性期医療への人的資源の集中投入」をめぐって審議が迷走した。

一方で、10月28日には「政府・与党社会保障改革検討本部」が設置され、社会保障と税の一体改革の検討が始まった。年が明けてからは「集中検討会議」での検討が続き、その後、「成案決定会合」を経て、7月1日に成案がまとまった。そこでは、高度急性期、急性期、亜急性期、長期療養などへの入院機能の分化や、急性期への医療資源の集中投入などが提案されていた。

審議が停滞していた医療部会では、11年12月に「急性期医療に関する作業グループ」を設置。2012年6月に「一般病床の機能分化の推進についての整理」をまとめるところまでこぎ着けた。「地域において、それぞれの医療機関の一般病床が担っている医療機能（急性期、亜急性期、回復期等）の情報を把握し、分析する。その情報をもとに、地域全体として、必要な医療機能がバランスよく提供される体制を構築していく仕組みを医療法令上の制度として設ける」との考え方を提示。そして、「医療機能を報告する仕組み」を創設し、「新たに医療計画において、今後のその地域にふさわしいバランスのとれた医療機能の分化と連携を適切に推進するための地域医療のビジョンを地域ごとに策定」するとの方向性を示した。この「地域医療のビジョン」は、18年度から始まる次々回の医療計画の策定の中で検討するとされた。

地域医療構想がもたらすもの

「一体改革」では、2012年6月に3党合意が成立し、8月には社会保障制度改革推進法が制定された。同法に基づき、社会保障制度改革国民会議が設置され、医療制度改革の審議の舞台は国民会議に移った。

国民会議がまとめた報告書は、これからの医療のあり方が変わらなければならず、医療提供体制の改革が不可欠であるとした上で、医療と介護は一体的に考えられるべきであり、制御機構のないわが国の医療提供体制という問題の克服のために「データによる制御」を求めた。病床機能報告制度の導入と地域医療ビジョンの策定を、医療提供体制改革の第1弾の取り組みと位置づけた。「地域の将来的な医療ニーズの客観的データ」を踏まえた上で、「医療機能ごとの医療の必要量を示す地域医療ビジョンを都道府県が策定する」との方針を示した。医療ビジョンについては、「次期医療計画の策定時期である18年度を待たず速やかに策定し、直ちに実行」と、医療部会が示したスケジュールの前倒しを求めた。この報告書に沿って、医療法の改正が行われたことは、冒頭に述べたところである。

地域医療構想によって、わが国の医療はどのような影響を受けるのであろうか。

地域医療構想の策定後には、医療費適正化計画が控えている。現在国会に提出中の医療保険制度改正法案では、都道府県は地域医療構想をまとめた後、同構想と整合性が図られるよう医療費適正化計画を見直し、第3期計画（18〜23年度）を前倒しして実施することになっている。

ただ、12年3月に公表された2025年度までの社会保障給付費の推計では、制度改正後の医療給付費は、現行制度のままで推移するよりも増大すると見込まれている。政府は、地域医療構想によってトータルな医療費の削減を想定していたわけではない。

目指したのは、良質で、効率的な医療の実現である。現状のままの入院・介護施設の入所が続くとすると、一体改革で示した現状投影シナリオの通り、2025年の病床数、介護施設の定員数は増加せざるを得ない。しかし、そうでなくても国際的にみても多いわが国の病床を増やすという選択肢はない。必要な費用は確保するものの、重点化・効率化を併せて追及するのが「一体改革」であった。

そもそも超高齢社会の医療・介護ニーズは、生活を支えることによって達成される。そこで求められるのは「地域全体で、治し・支える医療」であり、住み慣れた地域で暮らし続けられる支援だ。そこで、改革シナリオでは在宅医療・在宅ケアの充実を図り、現状投影シナリオに比して60万人／日分の入院・入所の削減を目指している。

当然、質の向上も追及する。例えば、高度急性期医療に資源を集中的に投入することによって、国際的にも見劣りがする職員配置を手厚くする。

このようにして、より効率的で、成果の上がる医療の実現を図らなければならない。

そのためには、各医療圏においてデータに基づく議論を重ね、将来の医療ニーズに適合する医療提供体制を確立しなければならない。関係者の英知の結集が求められる。

（MEDIFAXweb　２０１５年４月８日）

地域医療構想と地域包括ケア

2月（2016年）に東京の新宿で医療関連サービス振興会主催の「地域医療構想の策定と医療関連サービス」というシンポジウムがあり、遠藤久夫・学習院大学教授の基調講演を受けた後半のシンポジウムのコーディネーターを務めた。

羽鳥裕・日本医師会常任理事、猪口正孝・全日本病院協会常任理事、伯野春彦・厚生労働省地域医療計画課室長、島崎謙治・政策研究大学院大学教授、吉田憲史・メディカル給食協会会長が登壇したが、会場から地域医療構想と地域包括ケアの関係を問う質問があった。これに対し、島崎教授が「富士山を静岡県から見るか、山梨県から見るかのごとくであって、一つのことの裏腹の関係である」という誠に秀逸な答えをされた。

確かに昨年6月に公表された内閣官房の専門調査会の「2025年の医療機能別必要病床数の推計結果（全国ベースの積み上げ）」が提示され、2025年の目指すべき姿として高度急性期、急性期、回復期、慢性期の必要病床数を積み上げ115〜119万床と提示した。病床削減計画だとして多くの医療関係者に物議を醸したことは記憶に新しい。この推計では慢性期病床の必要数を推計するにあたり、29・7～33・7万人程度が「将来、介護施設や高齢者住宅を含めた在宅医療等で追加的に対応する」ことを前提としていたのである。

つまり、地域包括ケアシステムがどの程度機能するかによって、慢性期病床の必要数が変わってくる、すなわち地域医療構想の実現の可否は地域包括ケアの達成度にかかっているのであるか。両者はまさに表裏一体の関係にある。

ほぼ同時期に、群馬県伊勢崎市に招かれて「認知症や要介護状態になっても暮らし続けられるまちづくり」というテーマで講演をした。主催者は伊勢崎佐波医師会と「伊勢崎市の地域包括ケアを考える会」であり、主唱者は地元のクリニックの美原樹医師で、地元で地域包括ケアの取り組みを加速化させたいと講演会を企画したとのことであった。

当日は、市長も冒頭の挨拶に駆けつけ、座長は市役所の担当部長と地元大学の准教授が務めた。医療・介護関係者、地域包括支援センターの担当者、民生委員などのほか一般住民の参加もあった。群馬県庁の担当室長も出席しており、最後にコメントを求められていた。

医師会立看護学校が会場であり、言えば医師会主導であろうが、各地で進められている医療・介護の連携の推進に向けた取り組みの一つの姿があった。

(『医療と介護 next』２０１６年 No.2)

「カエサル」のものでなくなった薬価財源
――2016年改定を読む――

高度成長期には「大幅プラス改定」

筆者が厚生省保険局の企画課長（現、総務課長）だった1997年12月には、中医協の議論が紛糾し、中医協の審議が予算の閣議決定の当日まで持ち越された。当日の午後から始まった中医協は午前0時過ぎまで続いた。このため、夕刻に予定されていた予算決定閣議が開催できず、全閣僚を未明まで待機させてしまった。今でも思い出すと冷や汗が出るほどだ。

今回の改定率は2016年度予算編成に先立ち、昨年12月21日に正式に決まった。診療報酬本体の改定率はプラス0・49％（国費498億円）とされ、薬価の改定率はマイナス1・22％（国費▲1247億円）、材料価格はマイナス0・11％（国費▲115億円）とされた。本体のプラスと薬価および材料のマイナスの改定率を比較した差がネットの改定率であるが、今回のネットの改定率は0・84％のマイナス改定（国費▲864億円）となる。

ただし今回は、従来であれば薬価引き下げにカウントされていた市場拡大再算定による薬価の見直し（今回は国費で▲200億円）が外枠とされている。記者会見において塩崎恭久・厚生労働大臣は、この分を含めるとネットの改定率は1・03％のマイナス改定（国費▲1064億円）になると説明している。

今回の診療報酬改定をどう見るべきであろうか。診療報酬には長い歴史があり、今回改定もその流れから全く自由なわけではない。まずは歴史を知る必要がある。

1926年の健康保険法の施行から診療報酬制度はスタートするが、現行の診療報酬点数表が確立したのは58年からであり、皆保険が達成される前である。60年代、70年代の診療報酬改定は、まず、いつ改定を行うかが大きな争点であった。日本医師会の武見太郎会長の全盛時代であり、改定はしばしば大きな政治問題と化した。そして実施される改定は、高度経済成長期であったこともあり、今日の水準では考えられないほどの大幅なプラス改定となった。例えば、78年の改定は、本体の引き上げ11・6％、薬価などの引き下げ▲2・1％で、ネットの改定率はプラス9・6％であった。

当然のことながら、改定を行うと医療費は大幅に伸びる。改定を担当する保険局医療課長は、歴代医系技官である。ある医療課長は局内で名医療課長と評されていたが、それは彼の長い在任期間中、一度も改定をしなかったから、という理由であった。

潮目が変わった1981年改定

診療報酬改定のあり方が大きく変化したのは、武見会長時代の最後の改定となった81年改定からである。「増税なき財政再建」が叫ばれた第二臨調の最中だった。本体プラス8・1％であったが、薬価などの引き下げが6・1％でネットの改定率は2・0％と、従来水準に比べると極めて低い水準にとどまった。以後、診療報酬改定は「診療報酬の合理化」のために実施するものと位置づけられ、ネットの改定幅がプラス3％に達したことはない。

85年からの日米貿易協議（MOSS協議）で医薬品・医療機器が対象4分野の一つとなった。薬価収載や薬価基準の改定についてルールの明確化、透明化が迫られ、「2年に一度」の薬価改定がルール化された。これに引きずられる形で88年改定以降、消費税対応の臨時改定を除き「2年に一度の診療報酬改定」が定着した。90年以降、経済が長期的に低迷し、国家財政も窮迫したので、診療報酬の改定は、薬価引き下げで得られた財源に若干の上乗せをすることでネットのプラス改定が行われてきた。

90年代後半になると医療保険財政が厳しくなり、97年には患者の窓口負担を引き上げる制度改正が行われたが、これに合わせて98年の診療報酬改定は84年以来のネットのマイナス改定となった。さらに小泉政権下の2002年、06年の診療報酬改定では、本体についてのマイナス改定も行われた。

一方、09年に誕生した民主党政権は、診療報酬のプラス改定に強くこだわり、政権交代直後の10年改定を「10年ぶりのプラス改定」として、その成果を喧伝した。また、12年改定もプラス0・004%と〝首の皮1枚〟ではあったが、何とかプラス改定を実現した。

14年改定は、政権に復帰した自公政権下での改定であり、関係者が固唾をのんで見守ったが、「消費税対応分」を別にすると、本体は0・1%の引き上げ、薬価などは1・36%の引き下げで、ネット1・26%のマイナス改定に終わった。

この改定で注目されるのは、診療報酬本体の財源に薬価引き下げ財源を充てるべきではないという論議が、財政制度等審議会や経済財政諮問会議で提起されたことである。確かに薬価引き下げ財源を本体改定に回すことは決して自明のことではなく、1980年代半ばまではその是非をめぐって綱引きがあった。しかしながら90年代以降、事実上薬価財源に頼った診療報酬改定が慣習化し、関係者はそれに安住していたきらいがある。財務省側の過去の争点を掘り起こした主張に、厚生労働省側から有効な反論ができなかった、と言うのが前回改定の結末であった。

達成された「1700億円圧縮」

以上、過去の歴史を振り返る「準備作業」を踏まえ、今回改定をポイント別に検証しよう。

第一は、予算のフレームだ。昨年6月に閣議決定された「骨太方針2015」では社会保障関係費の伸びを5000億円程度にとどめることが目安とされた。昨年夏の厚労省の概算要求は6700億円増であった。5000億円程度という目安の達成には、1700億円規模の絞り込みが必要となった。

診療報酬の改定率決定後にまとめられた16年度の一般会計予算の歳出は96兆7218億円であり、15年度予算と比べて3799億円増（0・3％増）となっている。国債費と地方交付税などを除いた一般歳出は57兆8286億円で4731億円増（0・8％増）である。この中で社会保障関係費の伸びは4412億円であり、一般歳出の伸びの93％を占めている。なお、社会保障関係費の4412億円増は、15年度予算の一時的歳出の影響があり、実質は4997億円増ということである。結局、社会保障関係費について1700億円規模の絞り込みが行われたのである。

公表された診療報酬改定率は、冒頭に述べた通りであるが、薬価引き下げの外枠とされた項目がある。「市場拡大再算定による薬価の見直し」マイナス200億円以外に、「年間販売額が極めて大きい品目に対する市場拡大再算定の特例実施」マイナス282億円などにより合計マイナス502億円分が計上されている。このマイナス502億円を加味するとネットの改定率はマイナス1・33％と14年改定よりマイナス幅が大きくなる。これ以外にも、診療報酬・薬価などに関する制度改正事項として、「大型門前薬局等に対する評価の適正化」マイナス38億円、「経腸栄養用製品に係る給付の適正化」マイナス42億円、「その他（湿布薬の1処方当たりの枚数の制限など）」マイナス27億円が計上されている。これらの分まで加味するとマイナス幅は1・44％まで拡大する。

厚労省の説明でも、これらトータルで国費1495億円、医療費ベースで6200億円の削減がなされたとされている。このように、1700億円の絞り込みのうちの大部分（88％）を診療報酬改定が担った結果となった。

「本体プラス確保」に焦点が移行

第二は、今回改定で、薬価などの引き下げ財源は本体引き上げ財源とは別個のものである、という路線がいよいよ定着したと言えよう。昨年11月の段階で、ネットのマイナス改定が避けられないという見通しが急速に広がり、診療報酬改定の焦点が「ネットのプラスかマイナスか」から、「本体のプラス改定の確保」へと移行した。

診療報酬の改定率が決定された後の医療関係者のコメントを見ても、本体のプラス改定が確保できたことを評価（保険者側からすると「残念」という評価）しており、明らかに評価の基準が従来のネットでのプラス・マイナスから本体のプラス・マイナスへと相場が下がっている。財務省の勝利であると言えよう。

かつて旧厚生省内で、なぜ薬価の引き下げ財源を診療報酬財源とするのかという議論がされた時に、ある保険官僚が「カエサルのものはカエサルに」という名言を吐いたと伝えられている。医療機関経営が薬価差に依存していた時代は、薬価差はカエサル（医師）のものだったのだ。時が移り、医薬分業が進み、調剤報酬のシェアが医科診療所のシェアに近接している今日、薬価財源はカエサルのものではなくなったということだろう。

第三に、今回改定は社会保障と税の一体改革の下での2回目の改定だ。この枠組みでは診療報酬改定のプラス財源は、消費税財源による「社会保障の充実」予算で充てることとされている。14年度から消費税率が8％に引き上げられ、14年度の「社会保障の充実」予算は5000億円、引き上げ効果が満年度化した15年度は1兆3500億円となっている。しかし、16年度は消費税率10％への引き上げが1年半延期されたので、15年度と同額の1兆3500億円にとどまった。

「社会保障の充実」予算は、これまでに措置した対象経費が年々増加するので窮屈である。

そこで、16年度は「プログラム法」に基づく重点化・効率化による財政効果の一部も加えて1兆5295億円が計上されたが、この額では診療報酬本体の大幅引き上げの財源は確保できなかったのである。

充実する中医協の資料

いずれにしても、マクロの改定幅は決まった。これからの作業は具体的な点数の配分に移る。03年に生じた日歯連事件により中医協の見直しが行われ、診療報酬改定の基本方針は社会保障審議会の医療部会などで決めるようになった。

「一体改革」の検討が始まった後の12年改定は、2025年までに目指すべき医療・介護提供体制の改革の方向に沿った改定の第一歩と早くも位置づけられた。14年改定は、閣議決定した一体改革大綱の中で示された医療・介護提供体制の目指すべき方向のうち、診療報酬で対応すべきものはすべて取り組んだ改定となった。

16年改定は、14年改定の路線を引き継ぎ、さらに進化させた改定となる。このことは、この1年間の中医協における審議経過、年明けの1月13日の中医協に提出された「これまでの議論の整理」を見ても、確認されよう。ちなみに「議論の整理」では大項目として4項目が掲げられているが、冒頭の項目は「地域包括ケアシステムの推進と医療機能の分化・強化、連携に関する視点」とされている。

30年前に課長補佐として2回の点数表の改正に従事し、課長として98年改定、審議官として02年改定に関与した。DPCデータやレセプトの電子化の進展などもあるのか、現在の中医協に提出される資料は質、量とも当時と比較にならないほど充実し、行き届いたものとなっている。昔を知る者として、中医協事務局の力量に感心することしきりであることを付言したい。

(MEDIFAXweb　2016年1月21日)

「控除対象外消費税」という難問

復習してみると、国会で2012年8月に消費税引き上げ2法案、子ども子育て3法案、年金関連2法案に、自公民3党で作成した社会保障制度改革推進法を加えて8法案が成立した。消費税の使途は社会保障に限定され、税率は14年4月に8％へ、15年10月に10％へと段階的に引き上げられることになった。8％への引き上げは予定通り実施されたが、10％への引き上げは昨年11月に安倍総理が1年半延期することを表明し、17年4月に実施予定だ。

わが国で消費税は、1989年4月に税率3％でスタートし、97年4月に5％に引き上げられた。所得税、法人税の税収は、80年代後半のバブル期がピークであり、現在の税収は当時の半分以下だ。これに対し、消費税収は景気の動向に左右されることなく安定した税収を確保し続けており、所得税、法人税とともにわが国の基幹的な税となっている。ヨーロッパ諸国の税率が軒並み20％台であるのに対し、わが国の税率は17年間5％と低く、今後増収が見込める税財源として消費税が期待され続けてきた。

消費税は消費に課税するものであり、消費者＝国民が広く負担する税だ。それだけに税収も期待されるのであるが、広い層が負担するということは、低所得層にも負担がかかるということだ。消費税は、その者の消費額に応じて負担額が決まり、一般的に高所得者は多く消費するので、高所得者が負担する消費税額は大きい。

しかし、その者の所得に対する消費税負担額の割合は、高所得者より低所得者の方が高くなる。これが「消費税の逆進性」と言われるものである。消費税の導入時に逆進性対策が課題となり、福祉年金受給者ら563万人に1人1万円の臨時福祉給付金が給付された。5％への引き上げ時にも同様に890万人に臨時福祉給付金を支給する対策が取られている。

「軽減税率」導入、見送りから再浮上へ

社会保障改革担当室長を務めていた時、わが国の消費税率は5％と国際的にも低い水準であり、単一の税率で推移していた。今後、税率を引き上げる際には、食料品など生活必需品については軽減税率の導入が必要ではないかとの議論が高まっていた。しかし、政権を担っていた民主党は逆進性対策として、軽減税率の導入ではなく、「給付付き税額控除」を採用した。軽減税率は「対象品目の線引きが難しく」「高所得者にも同様に適応される」ため、逆進性対策として効

率が悪く、必要とする財源も大きい、との問題がある。低所得者にピンポイントで消費税負担分の一部を還付する給付付き税額控除の方がベターという判断であった。

給付付き税額控除を導入するには、低所得者の正確な把握が前提となる。そこで、マイナンバーの導入が必要となる。当時、民主党政権はマイナンバー法を国会に提出していたが、予定通り法案が成立しても消費税の8%への引き上げには間に合わない状態であった。そこで、民主党政権が国会に提出した税制改正法案では、逆進性対策として給付付き税額控除を検討することとし、それが実施されるまでの間は従来の対策と同様の「簡素な給付措置」を講ずることとされた。

法案の修正をめぐる3党協議が行われ、自民・公明両党は軽減税率の導入を主張した。2012年6月に「一体改革」についての3党合意が成立する中で、給付付き税額控除と並んで軽減税率の検討も加える修正を行い、消費税引き上げ法案は成立した。14年4月の8%への引き上げ時には、恒久的な逆進性対策は行われず、「簡素な給付措置」の実施にとどまった。

現在、与党内では、公明党が10%引き上げ時における軽減税率の導入を強力に求めており、与党税制協議会の中心課題となっている。このような状況下で、9月10日に財務省は「日本型軽減税率制度」案（マイナンバーを活用した還付ポイント制）を提案。しかし公明党の反対などもあって白紙撤回となり、制度設計の議論は振り出しに戻った。

消費税問題、社会保障財源に落とす「暗い影」

ところで、なぜ「一体改革」で消費税が社会保障財源となるのであろうか。消費税の導入は、その後の社会保障の展開に大きな影響を及ぼしてきたことを理解する必要がある。バブル経済がはじけて、経済が長期的に低迷を続けることとなった1990年以降、医療保険や年金は、その持続可能性を維持するために厳しい制度改革が重ねられてきた。一方、この間、高齢者介護は介護保険制度を導入するなど大きく発展を遂げてきた。

その起点は、90年から始まったゴールドプラン（高齢者保健福祉推進10か年戦略）と、老人福祉法の改正をはじめとする「福祉8法の改正」だ。これは89年4月の消費税導入に対する国民の反発があり、それへの政策的対応という要素を抜きには考えられない。さらに細川政権下の93年、幻に終わった「国民福祉税構想」の騒動を踏まえ、厚生省は90年代半ばの消費税率の引き上げを想定し、その財源は高齢者介護の充実に充てる方向でアクセルを踏み、2000年の介護保険制度導入にたどり着いたのである。

この高齢者介護の充実の動きは、他分野にも波及し、90年代半ばの少子化対策（エンゼルプラン）や障害者対策（障害者プラン）の策定に結実した。80年から90年まで、国内の介護、社会福祉などの規模感を示す「福祉その他」の給付費は、3・6兆円から4・8兆円へと10年間でわずか1・2兆円の増加だったが、90年から2000年までの10年間では4・8兆円から10・9兆円に達し、増加額は6・1兆円と大幅に伸びたのである。

99年には、自民党と自由党（当時）の連立協議が行われ、自由党の強い要求を受け、国分の消費税収は高齢者3経費（年金、老人医療、高齢者介護の国庫負担分）に充てられることとなった。今般の「一体改革」で消費税が社会保障財源化され、「社会保障4経費」（消費税の充当先を年金、医療、介護、少子化の4分野とすること）が定められたのも、この自自合意の延長線上にある。

消費税率を1％引き上げると2・8兆円の増収が見込まれている。従来の5％から10％へ引き上げた場合、社会保障の充実分として1％（少子化7000億円、年金6000億円、医療・介護1・5兆円）を、安定化分に4％を充てることとされている。

だが10％への引き上げが1年半延期されたため、「社会保障の充実予算」は予定されていた1・8兆円から1・35兆円に減り、窮屈になった。来たる16年度はこの状態が継続するので、「充実予算」の枠は極めて厳しいものとなることが予想される。来年の診療報酬財源の確保にとってはマイナス要因だ。

さらに軽減税率が導入されると、その分、消費税収は減ることとなる。予定されている社会保障改革の財源の不足が懸念される。18年4月は診療報酬・介護報酬の同時改定年であるが、それに暗い影を落とす要素だ。

国民の理解得にくい「課税化」、税務当局が嫌う「ゼロ税率」

消費税をめぐる医療界のもう一つの課題は、控除対象外消費税の問題である。消費税導入時に医療界は消費税の非課税を要望し、診療報酬は非課税とされた。消費税は、事業者が納税する税だが、その物品・サービスについて賦課される消費税分は消費者に転嫁するという制度である。また、事業者が仕入れた物品・サービスに賦課されている消費税の控除が認められる。消費税率10％として、８００円で仕入れた物品を１０００円で消費者に販売した場合、この事業者は消費者から１１００円を受け取り（１００円が消費税）、納税額は20円（１００円から仕入れ先に支払う消費税80円を控除する）となる。医療の場合、消費税は非課税であるので、医療機関に消費税の納税義務はないが、仕入れ先に支払った80円は控除されず、医療機関の負担となる。この80円が控除対象外消費税と呼ばれるものである。

89年の消費税の導入時、97年の5％への引き上げ時において、控除対象外消費税が発生し、医療機関の経営にとって負担になるので、診療報酬で手当てすることとした。これらの年は診療報酬の定期の改定年ではなかったが、診療報酬改定を行った。医療費ベースで、89年には0・76％、97年には0・77％を上乗せした。当然、14年4月の8％への引き上げ時にも問題となり、検討も加えられたが、従来通り診療報酬改定で対処されることとなったのは、周知の通りだ。

これまでの診療報酬による対応には限界がある。控除対象外消費税負担を、診療報酬で「平均的に返す」ことになるので、個々の医療機関が建物の新築、大規模の投資などを手掛ける場合、実際の負担と乖離が生じてしまうことが避けられない。医療界では、従来の診療報酬による対応ではなく、税制による根本的な対応を期待する声が大きい。「消費税非課税から課税に転換する」「課税にしてゼロ税率を適用する」などの案が期待されているようだ。

消費税課税論は、医療を非課税とするから控除対象外消費税が発生するので、課税にすれば問題が解消するという考え方だ。しかし、医療が非課税とされているのは社会政策的配慮からだ。いわば患者保護の観点だ。医療界は、消費税導入時に政策的配慮を求めて非課税を訴えた。世界的にも医療を非課税としている国が多い。世の中が軽減税率導入の議論をし、消費税負担軽減の方向で議論している時でもある。医療機関の経営の都合だけで非課税である医療を課税にするというのは、あたかも「高速道路を逆走する」ようなものであり、国民の理解を得ることはなかなか難しいだろう。

ゼロ税率は、課税するが消費者負担はなしで、医療機関には控除対象外消費税を国から還付するものである。軽減税率の極致であるが、他分野に波及する懸念があるし、国が還付するための膨大な税務事務が発生するので、税務当局としては絶対に避けたい案であろう。

なお、現在、多くの医療機関は消費税課税売り上げが少ないため、免税事業者となって消費税の納税を免除されている。仮に医療を「課税」とした場合、免税事業者として消費税の申告を行っていない医療機関が申告を行う必要が生じ、記帳義務を課される上、税務調査を受けることとなる。また、社会保険診療の支払いが５０００万円以下の医療機関は概算で経費を計算する特例が税特別措置によって認められているが、医療を課税とする場合は、消費税申告で自らの仕入れを明らかにするのだから、当然、所得税の計算もできるはずだとして、特例廃止につながることは覚悟しなければならないことをつけ加えておきたい。

（MEDIFAXweb　２０１５年10月21日）

「保険者の事前点検」への懸念

「多数の保険者」に対応する審査支払機関

まずは、迂遠かもしれないが、医療保険制度における審査支払いとは何か、から確認する必要がある。

保険者は、保険医療機関などから保険診療に要した費用の請求があった時は、「審査の上、支払うものとする」（健康保険法第76条第４項）とされている。審査は保険者の権限であり、支払いは義務だ。

わが国の医療保険制度には審査支払機関が存在する。社会保険診療報酬支払基金（支払基金）と各都道府県国民健康保険団体連合会（国保連）である。これらの機関は、保険医療機関や保険薬局などからの保険者に対する診療報酬請求書（レセプトと称される）を保険者に代わって、①受け付け、②審査を行い、③そのレセプトを該当する保険者に送付し、④保険者から医療費の支払いを受け、⑤各医療機関にその支払いを行う、という仕事をしている。

保険者の委託を受けて審査支払機関が存在する背景の一つには、わが国の医療保険制度が多数に分立した保険者によって構成されているという事情がある。支払基金が担当する保険者の窓口数は1万8000を超えている。保険医療機関などの数は約23万であり、各保険者、医療機関が個別に対応すると40億通り以上の組み合わせがあり、煩雑に絶えない。また、分立するすべての保険者において、審査に必要な体制を整備することは不可能である。

審査支払機関が存在する理由は、保険者の分立だけではない。韓国は2000年に保険者を国民健康保険公団に統合し、単一保険者の国になったが、その際、審査機関として健康保険審査評価院（HIRA）を設立している。これは、医療関係者からの要望などを踏まえた結果で、保険者から独立した、中立的な立場の審査機関としてHIRAを発足させたものだ。このように審査では、診療側と支払い側の関係において中立性を確保するのが重要なポイントとなる。

過去には「支払い遅延」が問題に

1927年にわが国の健康保険制度がスタートした時には、政府は旧日本医師会に診療を請け負ってもらい、医療費の配分は医師会に任せていた（日本の健康保険制度は、1922年に制定されたが、翌年の関東大震災のため施行は27年からになった)。戦時中に、診療報酬は厚生大臣の定める点数定額方式で算定されることとなったが、審査支払い事務は旧日本医師会に委託されていた。戦後、占領政策の一環で旧日本医師会は解散となり、審査は中央・地方の保険医指導委員会に、支払い事務は社会保険協会などが行うこととなったが、保険指導委員会などの法的責任が明確でなく、また、支払い遅延が深刻となった。

そこで、別個の責任ある機関を設立し、審査・支払い事務を行わせることとなり、48年に支払基金が設置された。「支払基金」という名称からして、当時はいかに「支払い」が課題であったか理解できる。

戦後、医療保険財政はたびたび危機に瀕することになり、その都度、医療保険制度改革が求められ、政治的な争点となってきた。医療費の伸びが制度の持続可能性を脅かすと捉えられ、医療費適正化という観点から「審査」が問われるようになってきた。典型は、84年の健康保険法改正である。被用者保険で本人医療費1割負担を導入した改正であるが、高額レセプトを審査するため、中央審査が導入されている。

審査を行うのは、審査委員会である。審査委員会は、医師、歯科医師、薬剤師で構成されており、それぞれ医科、歯科、調剤のレセプト審査に当たっている。それぞれの分野の専門家による審査であり、かつ、同業者による同僚審査(ピアレビュー)となっている。医師同士の審査だとかばい合うことになるのではないか、との疑念をよく聞く。しかし、自分が行った行為の内容が同業者にさらされると言う「牽制効果」は極めて大きい。

支払基金法では、審査委員は支払基金各支部の責任者が、診療担当者を代表する者、保険者を代表する者、学識経験者の三者から同数を委嘱することとされており、いわゆる「三者構成」をとっている。約4600人の審査委員が委嘱され、その中から125名が医療顧問として常勤的に従事している。

審査が直面する難しさ

審査とは、医療保険機関などにおいて行われた診療行為が、療養担当規則や点数表に定められている保険診療ルールに適合しているかを確認する行為である。しかし、審査については、本質的な困難に逢着する。

保険診療のルールは、制度的安定性を求める法律の論理として一律的・画一的適用を求め、これに対し医療は個別性を重視する。個々の患者の病状は多様で、個々の患者に施される医療の幅は非常に広く、かつ、それぞれの患者の病状に応じて施される医療の密度も異なるからだ。審査は、この両者の間で医学的妥当性を見極め、「折り合い」をつけていくことが求められる、極めて困難な作業である。

加えて、毎月提出される膨大な量のレセプトを、限られた時間で審査することが求められる。かつて審査の現場を視察した国会議員が「印刷工場のようだ」と驚いたように、従来は紙のレセプトとの格闘であり、審査は困難を極めた。

そこで旧厚生省は1983年にレセプトの電子化構想を打ち上げ、以後、その実現が課題となった。しかし、医療関係者の理解は得られず、その歩みは遅々としたもので、約20年後の2002年3月における医科レセプトの電子化率は0・7％と低迷していた。そのような中で同年11月に審査委員による画面審査が始まった。06年4月にレセプト請求に関する省令が改正され、08年度以降、段階的にオンライン請求が義務化されることとなり、レセプトの電子化が急速に進んだ。15年3月現在、電子レセプトの件数割合は全体で97・7％となっている。

レセプトの電子化の効果は著しい。さまざまな点検条件を設定することで、コンピュータは全レセプトに目を通す。医科の電子レセプトの原審査の査定点数に占めるコンピュータチェックの寄与度は年々上昇し、14年度では原審査の査定点数の56・3％がコンピュータチェックを契機とするものとなっている。

近年では、医療保険制度の改革が議論されるたびに、審査のあり方が問われてきた。加えて、1995年の村山政権から始まり、今日まで続く「規制改革」の論議においても、医療保険分野で審査支払い問題は繰り返し取り上げられてきた。

冒頭に紹介した「保険者の事前点検」はその最新版である。医療機関から提出されたレセプトについて、まず保険者が事前点検をして、保険者が審査を求めるレセプトのみを審査支払機関に審査を求めることとする方式だ。これによって、審査不要のレセプトについて保険者が審査支払機関に支払う手数料が不要になり、コスト削減が図られるとされている。

「事前点検」が審査の発展を阻害する恐れ

先にも述べたとおり、審査は、医療保険機関などにおいて行われた診療行為が、療養担当規則や点数表に定められている保険診療ルールに適合しているかを確認する行為であり、医療の個別性がある中で、妥当性を見極める作業である。医療保険制度の公平性、安定性を確保する観点からは、できる限り統一的な運用が求められる。多数に分立する保険者を持つわが国で、個別保険者の判断で疑義のあるレセプトだけを審査するということは、審査の統一的な運用に逆行することとなり好ましくない。

さらに審査の現場では、個々の患者のレセプトだけを審査していては分からないが、医療機関単位でみると、本来、患者の病状の多様性からすると多様な診療内容の請求が出てきてしかるべきであるのに、漫然・画一的な診療しか実施していない実態、あるいは「傾向的な」診療をしている実態が把握できる。当該医療機関から提出された多数のレセプトを審査することで「発見」できることであり、「保険者の事前点検」で審査対象のレセプトが抜かれてしまうと審査が現状よりも後退し、不適切な診療を行っている医療機関を見逃すこととなる。

レセプトの電子化がようやく達成され、従来できなかった「統計的な審査」がようやく実施できる可能性が高まってきた。その実施にとっても「保険者の事前点検」は障害となり、わが国の審査の発展が損なわれかねない。

審査の議論をすると、いくら「削ったか」という査定率のみが問題とされることが多いが、審査は査定することが目的ではない。「治安」に譬えるならば、犯罪検挙数を誇るより、犯罪の少ない、安全な社会の達成が目的である。同様に、審査においては、保険診療ルールに沿った医療が行われるようにすることを通じて、保険診療の質の維持・向上を図ることが目的なのである。審査は、医療保険における「事後的な統制」（島崎謙治・政策研究大学院大教授）なのである。

医療費の抑制を審査に求めるのは筋違いであるし、審査手数料の引き下げのために、審査そのものの存在意義を損なう手段をとるべきではない。審査手数料の引き下げを望むのなら、正面から審査支払機関の業務の効率化・合理化を求めていくべきであろう。

（MEDIFAXweb　２０１５年８月19日）

医療と介護の連携

求められる医療と介護の連携
——医療提供体制の改革と地域包括ケアシステムの構築——

医療と介護の連携という課題

医療と介護の連携の重要性は、今日、誰も否定しないところであるが、古くから指摘されていて、なかなか実現できない課題である。介護保険制度の至る歴史がそれを示している。福祉の分野では、1963年に老人福祉法が制定され、特別養護老人ホームが制度化され、ホームヘルパーが「家庭奉仕員」という形で規定された。1973年からは老人医療費の無料化が始まったが、これは70歳以上の高齢者の医療費の患者自己負担を無料とするものであったが、法律上の構成としては老人福祉法によって患者自己負担分の医療費を老人に支給するとするものであった。老人医療費の無料化により、高齢者の受療率が急上昇し、国民健康保険財政が逼迫し、その見直しが課題となった。

1983年に施行された老人保健法は、その回答であった。高齢者の患者自己負担を再有料化するとともに、各保険者で老人医療費を支える「拠出金制度」を創設したが、併せて予防から治療・リハビリまでの老人医療の確立を謳い、市町村が40歳以上の者を対象として健康教育や健康診査などを行う保健事業が創設され、ここに老人福祉法と並んで保健・医療の体制が整備されることとなった。その後も老人保健法の下で老人保健施設や老人訪問看護が制度化された。

これに伴う組織の改組が行われ、公衆衛生局に老人保健部が設置された。老人医療を所管する同部と福祉の所管（社会局老人福祉課）が分離した。その後、医療と福祉の連携が求められ、88年に両者を統合した老人保健福祉部が大臣官房に設置された。同部は92年に局に昇格（老人保健福祉局）し、2001年に老健局に名称変更されて今日に至っている。

90年からスタートしたゴールドプランとそれを推進するための福祉8法の改正で、市町村は老人保健福祉計画を策定することとなり、保健・福祉の一体的推進が求められた。都道府県でも、民生部、衛生部と縦割りであった組織を保健福祉部などとする同様の動きがあったことは、周知のとおりだ。

しかし、医療と福祉の連携は、行政が組織の見直しをすれば進むような簡単な問題ではなかった。そもそも制度自体が、地域医療計画の策定にみられるように医療行政は都道府県の任務とされる一方、介護保険制度は市町村中心で組み立てられており、医療と福祉（介護）の連携上、障害となった。また、医療界と介護界の文化の差とも言うべき障壁があり、両者の連携はなかなか進まなかった。

スウェーデンでも課題だった医療・介護の壁

医療と福祉の連携に困難があるのは、わが国に限ったことではない。筆者が30年ほど前に駐在したスウェーデンでも同じ困難に直面していた。スウェーデンの医療は県営であり、福祉はコミューン（市町村）が直営で担っていた。その両者の連携の悪さが問題となっていたのだ。当時、老人福祉ではサービスハウスが建設され、医療では老人が急性期病院を占拠することが問題となっており、長期入院病棟が整備されていた。医療と福祉の連携を図るため、同一建物の上下のフロアにコミューンの所管するサービスハウスと県が所管する長期入院病棟を合築した施設もつくられた。それでも所管が異なるフロアに高齢者を移動させるのは至難の業だと、その施設を訪問した際、職員が苦笑するほど連携は図られていなかった。

スウェーデンで、このような状態を打破するために1992年に実施されたのが「エーデル改革」である。県が担当していた高齢者医療の一部をコミューンの権限に移譲し、高齢者の初期医療と福祉がコミューンに統合された。これによって、県が運営している高齢者医療のうち、訪問看護や長期入院の一部がコミューンに移管。県の高齢者医療を担当していた看護師など

5万5000人がコミューンに身分を移された。

介護保険から生まれた「地域包括ケア」

翻って、わが国の現状はどうか。現在、社会保障と税の一体改革の枠組みで社会保障改革が進行中だ。消費税財源を投入して機能の強化を図る社会保障4分野として、年金、少子化対策と並んで医療と介護が挙げられている。これからの社会保障費の中で大きく伸びるのが医療と介護であり、医療・介護改革がこれからの社会保障の中心課題と位置づけられている。

自公民は3党合意で、社会保障制度改革国民会議（国民会議）に改革の処方箋を求めた。国民会議は2013年8月の報告書で、医療・介護改革の眼目は提供体制の改革であると言い切っている。良質で効率的な医療提供体制の確保と地域包括ケアシステムの構築を2大目標とした。

国民会議の報告書を踏まえ、13年12月に成立したプログラム法（持続可能な社会保障制度の確立を図るための改革の推進に関する法律）第4条第4項で地域包括ケアシステムの定義が条文化された。医療、介護、介護予防、住まい、自立した日常生活の支援が、地域包括ケアシステムの5要素であることを明記している。医療と介護の連携が、地域包括ケアシステムの構築のために、あらためて求められることとなった。

地域包括ケアの先駆者

ゴールドプランの制定当時、保健・医療・福祉の統合のモデルとされたのが広島県御調町の公立みつぎ病院の山口昇院長の実践である。山口医師は、早くから「医療の出前」として訪問診療を実践されていたが、病院の医療と行政の福祉の統合を図るべく、1984年に病院の中に町の保健福祉センターを設置した。山口医師は、保健・医療・福祉を連携させ、総合的、一体的にサービスを提供する仕組みを「地域包括ケアシステム」として提唱した。

『2015年の高齢者介護』

厚生労働省関係の文書で最初に地域包括ケアシステムを提言したのは、03年6月の高齢者介護研究会の報告書（『2015年の高齢者介護』）である。そもそもこの研究会は、2000年4月に介護保険制度がスタートしたが、介護保険制度創設にあたっては施行してから5年後に見直しをすることが条件とされた。2005年に予定された介護保険法改正にそなえ、2003年3月に老健局長の私的研究会として設置されたものである。同年6月にまとめられた『2015年の高齢者介護』の副題は「高齢者の尊厳を支えるケアの確立に向けて」であり、「一人一人が住み慣れた家で最後までその人らしく生きることを保障する」ことを目指す内容の報告書となっている。

介護保険が実施されてからまだ日が浅い段階であり、要介護高齢者を在宅で支えるための基盤整備を図ることを提案している。具体的には、①在宅サービスの複合化・多機能化、②新たな「住まい」の形を用意すること、③施設サービスの機能を地域に展開して在宅サービスと施設サービスの隙間を埋めること、④施設において個別ケアを実現していくことが必要であるとした。

そして、地域のさまざまな資源を統合した包括的なケア（地域包括ケア）必要であるとした。「要介護者の生活をできる限り継続して支えるためには、個々の高齢者の状況やその変化に応じて、介護サービスを中核に、医療サービスをはじめとするさまざまな支援が継続的かつ包括的に提供される仕組みが必要」であり、①ケアマネジメントの適切な実施と質の向上と②様々なサービスのコーディネートが求められた。そして、地域包括ケアのコーディネートを担うために在宅支援センターの役割の再検討と機能強化が提言され、２００５年の法改正で「地域包括支援センター」が制度化された。同法の改正では、併せて地域密着型サービス、小規模多機能型居宅介護の創設、地域包括支援センターの設置、地域支援事業の制度化も行われた。

その後の展開

その後、老健局では08年から数次にわたり「地域包括ケア研究会」が設置され、地域包括ケアシステムの検討が深められてきた。

地域包括ケアシステムは、おおむね30分以内に駆けつけられる圏域で、個々人のニーズに応じて、医療・介護などのさまざまなサービスが適切に提供できるような地域での体制とされ、各地域に、地域包括ケアシステムを構築していくことを目指すべきであり、地域包括ケアシステムの構築という観点から、サービス・人材・介護報酬・介護保険制度などについて、必要な見直しを行っていかなければならない、とした。

これを受けて、11年に介護保険法の改正が行われ、地域包括ケアシステムが第5条第3項で「国及び地方公共団体は、被保険者が、可能な限り、住み慣れた地域でその有する能力に応じ自立した日常生活を営むことができるよう、保険給付に係る保健医療サービス及び福祉サービスに関する施策、要介護状態等となることの予防又は要介護状態等の軽減若しくは悪化の防止のための施策並びに地域における自立した日常生活の支援のための施策を、医療及び居住に関する施策との有機的な連携を図りつつ包括的に推進するよう努めなければならない」と規定された。併せて、定期巡回随時対応訪問介護・看護が創設された。

医療サイドの動向

このように、地域包括ケアシステムは介護保険の世界で生まれ、育ってきたが、そこにもう一つの流れが合流してきた。医療分野における在宅医療の推進の流れである。

周知のとおり、地域医療計画の制度は1985年の医療法改正で創設されたが、2006年の医療法改正で見直しが行われ、4疾病5事業が地域医療計画に盛り込まれた。13〜17年度の医療計画の策定に先立ち、「医療計画の見直し等の検討会」が設置され、新計画には精神疾患を含めて5疾病5事業とすることに加え、在宅医療について、介護保険事業（支援）計画との連携を考慮しつつ、都道府県が達成すべき目標、医療連携体制、人材確保などを記載することとされた。

在宅医療を含めた地域包括ケアの推進のためには、従来の介護保険のマネジメント（地域包括支援センター、ケアマネジャー）だけでは十分対応できないことから、厚生労働省は11年度から地区を選定して「在宅医療連携拠点事業」を実施した。在宅医療を提供する機関などを連携拠点として、多職種協働による在宅医療の支援体制を構築し、医療と介護が連携した地域における包括的かつ継続的な在宅医療の提供を目指すものだ。このように、医療政策においても在宅医療の推進と、医療と介護の連携が求められるようになった。

一体改革における位置づけ

このような歩みの中で、地域包括ケアシステムは「社会保障と税の一体改革」の枠組みの下で、位置づけられることとなった。

厚生労働省は、一体改革における医療・介護の改革に関して、病院・病床機能の役割分担と連携強化を内容とする「医療・介護機能の再編（将来像）」を示すとともに、どこに住んでいても、その人に適切な医療・介護サービスを受けられる「地域包括ケアシステムの構築」を目標として掲げてきた。

２０１３年８月に社会保障制度改革国民会議がまとめた報告書において、２０１５年からの第６期介護保険事業計画は、「地域包括ケア計画」として策定されるべきだし、介護保険事業計画と医療計画は、市町村と都道府県が共同して作成する一体的な「地域医療・包括ケア計画」とも言いうるほどに連携の密度を高めるべきだとした。

13年12月に成立したプログラム法により、政府は２０１４年の通常国会に医療制度と介護保険制度の改正法案を提出することが義務づけられていた。医療介護総合確保推進法は、これに応えるものであり、同法によって19本の法律が改正された。これを受けて、国は「地域における医療及び介護を総合的に確保するための基本方針」（総合確保方針）を9月12日に定めた。また、2014年度904億円予算によって設置された「新たな財政支援制度」（基金）が都道府県に配分された。

この法改正により、医療機関が都道府県知事に病床の医療機能（高度急性期、急性期、回復期、慢性期）などを報告し、都道府県は、それをもとに「地域の医療提供体制の将来あるべき姿」＝地域医療構想（ビジョン）を医療計画で策定することが求められた。

この病床機能報告制度で、医療機関がその有する病床において担っている医療機能の現状と今後の方向を選択し、病棟単位で都道府県に報告することとなり、14年10月から実施された。

都道府県は、15年度から地域の医療需要の将来推計や報告された情報などを活用して、二次医療圏ごとの各医療機能の将来の必要量を含め、その地域にふさわしいバランスのとれた医療機能の分化と連携を適切に推進するための地域医療ビジョンを策定し、医療計画に新たに盛り込まなければならない。

診療報酬制度において2003年から導入されたＤＰＣのデータや、近年急速に進んだレセプトデータの電子化が「データに基づく制御機構」の実現可能性を高めてきた。国民会議は、データ解析のために国が率先して官民の人材を結集して先駆的研究も活用し、都道府県・市町村との知見の共有を図ることが提言している。これを受け、政府の社会保障制度改革推進本部に専門調査会が設置されるなどの体制整備も図られた。

厚生労働省では２０１４年７月に保険局に「医療介護連携担当」の審議官と「医療介護連携政策課」を新設した。この体制で、医療と介護の連携が進められることとなった。

全国の市町村は、来年４月からの第６期介護保険事業計画において医療と介護の連携を進めていくという重要な使命を負っている。２０１５年は、医療・介護の提供体制改革の出発点として重要な年となろう。

「医療・介護連携」を地域支援事業に位置づけた意味

２０１４年６月に国会で成立した医療介護総合確保推進法で、医療と介護の連携の推進という観点から注目されるのは、医療と介護の連携の推進を介護保険法の地域支援事業に位置づけたことである。行政関係者にとっては極めて大きな意味を持つ見直しである。

これまで医療行政は都道府県が権限を持って行ってきた。在宅医療の推進も都道府県とその出先（保健所）というラインの仕事であり、市町村は行政的にはノータッチであった。それが今回の見直しで、医療と介護の連携の推進は、介護財源で市町村が実施する「地域支援事業」に位置づけられた。権限としては、市町村権限となったのである。「日本版エーデル改革」と言えよう。

モデル事業から進み、恒常的に全国で医療と介護の連携を実施しようとすると、相当の財源を必要とする。しかも、この種の予算は裁量的経費であり、毎年10%カットの対象となるので、事業の継続が困難である。そこで、介護保険制度の下で創設され、独自の保険料財源を持つ地域支援事業の枠組みを使うしかなかった、という現実的な理由があったのであろう。住み慣れた地域で暮らし続けることを支援する地域包括ケアシステムの理念からして、住民に最も身近な地方自治体である市町村が責任を持つことが正解であろう。

高まる市町村職員への期待

かねて都道府県と市町村の役割分担の問題があったが、1990年の福祉8法の改正以降、身近な対人保健福祉サービスは第1次自治体である市町村の事業と位置づけられるようになってきた。2000年からの介護保険制度、05年成立の障害者自立支援法以降の障害行政、15年度からの子ども・子育て支援新制度、生活困窮者自立支援制度などもこの流れである。

地域包括ケアシステムは、医療と介護のみならず、介護予防、生活支援が必須の構成要素とされていることから、「日本版エーデル改革」で市町村が責任を持つことは必然であった。

併せて、医療計画と介護保険事業計画の整合性を強化する見直しも行われている。医療計画の計画期間を5年から6年と改め、3年ごとに見直される介護保険事業計画との調整を取りやすくしている。医療計画と介護事業計画は「地域医療・包括ケア計画」としてあたかも一本のように作るべきである、と国民会議が提言していることを受けたものである。

「日本版エーデル改革」が以上の通りだとして、課題も多い。何よりもそれを担う人材の確保が必要だ。00年の介護保険の実施に向けて、市町村は役所内の人材を投入して円滑な実施に努めたし、その中から「カリスマ職員」が現れ、その後の介護保険の発展に大きく寄与してきた。あれから15年。25年に向けて市町村には新たな任務が付加され、さらに大きな役割が期待されている。これを契機に、新たな人材が輩出することを願ってやまない。

（「こくほ随想」２０１４年8月およびMEDIFAXweb ２０１５年9月16日を再構成）

リハビリテーション専門職と地域包括ケアシステム

筆者が主催する医療介護福祉政策研究フォーラムで、年明け早々（2016年）に「今後の医療を占う　——診療報酬改定を目前にして——」と題する新春座談会（座長：田中滋・慶應義塾大学名誉教授）を開催した。演者として登壇した唐澤・厚生労働省保険局長から「あらゆる政策の柱に地域包括ケアシステムの推進を置く！」と強調されていたのが強く印象に残った。氏は「地域包括ケアシステムとは、地域における総合的なチーム医療介護が縦軸」と喝破した。

そこで「顔の見える関係」が重要になる。

その直後に、田中滋、西村周三先生とともに筆者が呼びかけ人となっている「地域包括ケアイノベーションフォーラム」（事務局長：堀田聰子さん）のワークショップで、リハビリテーションが取り上げられた。PT協会の半田会長、OT協会の中村会長、ST協会の深浦会長、日本リハビリテーション医学会の水間理事長がプレゼンテーションをして、田中座長の司会で参加者と質疑、意見交換を行った。

ワークショップで明らかになったのは、地域で活動できるリハビリテーション専門職が少ないということだ。7・2万人いるOTの72％は医療に従事し、その他の大部分が介護で、地域で「住まい・住まい方」を支える「生活支援・予防」に従事している者は極めて少ない。STの73％、約1万人が病院であり、老人保健施設などで介護に従事している者は9％、1200人程度で、地域で活動している者はごく一部である。

地域包括ケアの圏域は、中学校区としても全国に約1万圏域ということになる。リハビリテーション専門職の資源を、どのように効率的・効果的に配置していくかは、これら職能団体にとって大きな課題だ。専門職3団体は、合同で各団体の都道府県会長を招集し、合同会議を開催し、これらの課題に取り組んでいるとのことであるが、医師会が郡市医師会単位で在宅医療・介護連携に向けて取り組んでいることに比べ、立ち遅れの感が否めない。当日の議論では、地域総合リハビリテーション構想も出た。一考に値しよう。

自立支援の一層の強化が必要だ。昨年の介護報酬の改定でも、活動と参加を重視するリハビリテーションの方向が示された。毎年1万人のPTが養成される現状で、リハビリテーション専門職の年齢構成は若い。OJTを通じて、スキルの向上を図り、地域リハビリテーションを担う人材の養成が求められる。

（『医療と介護 next』2016年No.2）

今後の展望

見えない「ポスト消費税10％」の世界

消費税増税先送り論の浮上

3月29日に2016年度予算が成立し、開会中の通常国会は後半戦に入った。新たな年度のはじめに当たり、これからの社会保障政策がどのように展開されていくのか、占ってみたい。

まずは、当面のスケジュールの確認である。夏には参議院選挙がある。このため、6月1日までとされている国会の会期の延長はないとみられる（ちなみに、厚生労働省の幹部人事も国会閉会直後に早まるだろう）。昨年は6月末に閣議決定された「骨太方針」の策定時期も、今年は前倒しになる見込みだ。

4月24日には、注目の衆議院の補欠選挙（北海道5区、京都3区）がある。5月26～27日には、先進国首脳会議（サミット）が伊勢志摩で開催される。議長国として日本は経済政策を示す必要があり、その作業が進むであろう。昨年は、6月末日に閣議決定された「骨太方針」の取りまとめ時期も、今年は前倒しされる見込みだ。

前半国会では、保育所の待機児童問題が争点化した。厚生労働省は3月28日に待機児解消緊急施策を公表したが、保育士の処遇改善には踏み込んでいない。そのような中で、安倍首相は16年度予算が成立した3月29日に5月に経済対策を含む、「ニッポン一億総活躍プラン」を取りまとめると表明した。補正予算での対応に期待が高まっている。

5月18日には、景気動向を判断するのに重要な1～3月期のGDP速報値の発表がある。ここ数年の社会保障を占う最大のポイントは、消費税率の10％の引き上げが予定どおり17年4月に実施されるかどうかである。ここにきて「消費税引き上げ先送り論」が急浮上してきたからだ。

契機は、安倍首相が開始した国際金融経済分析会合である。3月16日のノーベル経済学賞受賞者のステグリッツ米コロンビア大学教授を皮切りに、連続して内外の識者を招き意見を聞くのがこの会合だ。同じくノーベル経済学賞受賞者であるクルーグマン米プリンストン大学教授も招かれた。両教授とも、消費税率の引き上げを先送りすべき、と述べたとされ、首相が消費税率引き上げを回避しようとしているのではないかとの見方が一気に強まった。この時期に発表された政府の月例経済報告が、国内の景気判断を5か月振りに下方修正した内容となったことも、増税延期論に拍車をかけている。

消費税と社会保障改革の関係

消費税の引き上げの延期が社会保障にどのように影響するのか、改めて復習しておこう。

①自公民の3党合意に基づき、2012年8月に成立した消費税法で、消費税は社会保障目的税となっており、その税収はすべて社会保障の財源に充てられている。

②消費税率の引き上げは段階的に行い、14年4月に8％に引き上げ、15年10月に10％引き上げることとした。

③この増税による財源を前提に、子ども・子育て関連3法、年金関連4法が国会で成立し、医療・介護改革も実施されることとなった。

④14年に医療介護総合確保推進法という形で、医療法や介護保険法の改正が行われ、地域医療構想の策定や地域包括ケアシステムの構築が進められているのも、増税される消費税財源が前提となっている。

⑤14年および16年の診療報酬改定、15年の介護報酬改定でも、診療報酬の引き上げ分の財源は、消費税財源が充てられている。

このような枠組みで実施されてきた「社会保障と税の一体改革」であるが、14年11月に安倍首相は、15年10月に予定されていた税率10%への引き上げを1年半延期し、17年4月とした。

このため、16年度の社会保障予算は、15年度と同様、消費税率8%のままで編成しなければならなくなった。15年10月に消費税が予定どおり10%に引き上げられていれば、16年度の社会保障の財源は、消費税2%分の増収が見込めたはずであり、今回の診療報酬改定の姿も大きく変わっていたものと思われる。

一方、昨年6月に決定された「骨太方針2015」では、16～18年度の3年間を「集中改革期間」と位置づけ、社会保障関係費の伸びは毎年度5000億円にとどめるという枠が設定された。このため、厚生労働省の16年度予算編成では、夏の概算要求6700億円増から約1700億円の絞り込みが行われたが、その大部分を捻出したのが、今回の診療報酬のマイナス改定だったことは記憶に新しい。

さて、17年4月に予定どおり消費税増税が行われれば、17年度予算には一定の財源増が見込まれ、増税の効果が満年度化する18年度の社会保障財源は、さらに増収が見込まれる。18年の診療報酬・介護報酬との同時改定とによって、18年4月の改定財源が確保されることとなる。6年に一度同じく18年は新しい医療計画がスタートし、第7期の介護保険事業計画が始まる年でもある。2025年を目標とする医療・介護提供体制の改革にとっても重要な節目であるこの年に、必要な消費税財源が確保されていることの意義は極めて大きい。

影響が大きい増税の先送り

逆に、17年4月の消費増税が再度延期されると、どうなるだろうか。ただちに行き詰まるのが、17年度予算編成である。「社会保障の充実」に充てられる消費税財源は、16年度と変わらない。社会保障分野での新規施策や改善要素がない予算編成を強いられる。加えて、骨太2015の「社会保障関係費の伸び5000億円以内」という枠がかかる。

ここ数年間の厚生労働省予算をみると、生活保護の適正化（13年度）、診療報酬マイナス改定（14年度）、介護報酬マイナス改定（15年度）、診療報酬マイナス改定（16年度）、と広義の制度改正によって、給付抑制をすることで予算編成を行ってきた。17年度について、これらに匹敵する「制度改正」は見当たらない。

あえて給付抑制の可能性があるものとしては、高額療養費制度がある。「骨太2015」においても社会保障分野の検討課題として、「負担能力に応じた負担、給付の適正化」を求め、その中のメニューにも掲げられている。患者の自己負担の上限額（限度額）を引き上げるということ、つまり、高額療養費制度の限度額の引き上げである。高額療養費の限度額は、政令で規定されている。国会の審議を要する法律改正を行わなくてすむ点も、給付抑制策としては「魅力的」

だ。特に、高齢者の高額療養費制度については、外来にも特別の限度額が設定されており、財政当局側からすれば、ぜひ見直しを求めたいところであろう。しかし、着手するとなると、負担増として、高齢者層から相当の反対を被ることを覚悟しなければならない。

さらに、後期高齢者医療制度の見直しがある。後期高齢者医療制度では、世帯の所得に応じた保険料軽減措置が設けられている。これも政令事項であるが、本則では低所得者については、国民健康保険と同じ軽減措置であり、加えて被用者保険の被扶養者であった者については、2年限りの軽減措置が規定されていた。しかし、2008年の制度施行に当たり、激変緩和措置として本則以上の特例措置が国庫の負担によって今日まで継続している（予算額は800億円を超える）。この措置を本来の姿に戻すことも懸案だが、後期高齢者医療制度導入時の国民の反発に配慮して導入したという経緯があり、かつ、900万人近い対象者がいることから、この改正も容易ではない。厚生労働省として悩ましいところだろう。

ポスト10%の世界を描かなければ

社会保障改革とならんで、新アベノミクス・3本の矢の政策も同時に進行中である。15年10月の内閣改造で担当大臣が設置され、急ピッチで、第二の矢「希望出生率1・8」、第三の矢「介護離職ゼロ」などの政策が展開されている。

5月中には、16年度補正予算案の編成の指示があり、消費税増税と衆議院の解散の可否が判断されるだろう。なぜなら、安倍首相には前回の消費税引き上げの延期を発表した際、大きな変更を行う以上、国民に信を問うべきだとして衆議院を解散し、14年12月の総選挙で大勝した成功体験がある。今回も、増税を先送りした上で、衆参同日選に踏み切るのではないかとの観測が強まっている。

安倍首相にとっての大きなジレンマは、①リーマンショックのような事態が起きない限り消費税の引き上げは予定どおり実施するとして、消費税法にあった「景気判断条項」を削除し、1年半後には消費税を引き上げると選挙で公約していること、②消費税引き上げの再延期は、経済が回復していないことの証であり、アベノミクスの失敗を認めることになりかねないこと、である。

17年4月の消費税の引き上げを延期することとした場合、いつまで延期することになるのであろうか。一方では、政府が、20年度に国・地方のプライマリーバランスの黒字化を達成するという、財政健全化の目標年が迫っている。

今年1月に内閣府が公表した中長期経済財政試算では、17年4月に消費税を10％に引き上げることを前提とし、アベノミクスが成果を上げた場合（「経済再生ケース」）でも、20年度のプライマリーバランスは、対GDP比1・1％の赤字であり、黒字化の目標を達成するためには、一層の歳出削減か、増税か、あるいはその双方が求められる。

翻ってみると、わが国の社会保障は、1990年以降、経済の長期的低迷の下での運営が続けられてきた。90年代後半から、医療保険財政の悪化などに直面し、ほぼ10年間、厳しい給付抑制の改革が行われてきた。その中で社会保障のほころびが顕在化し、路線の転換が模索され、2010年から社会保障と税の一体改革が検討され、実施に移されてきた。

現在までに描かれている改革の姿は、消費税率10％までの世界における社会保障改革の姿であり、財政健全化との関係で言えば、2015年度においてプライマリーバランスの赤字幅を2010年度に対して半減（対GDP比3・3％）させるというものであった。そもそも10％への引き上げ時期を15年10月とされたのも、この目標との関係であった。

当初のスケジュールでは、2016年度以降については、20年度の財政健全化目標年も視野に入れて、社会保障とその財源について「ポスト10％の世界の姿」を新たに描かなければならないと認識されていた。消費税10％の世界は、社会保障制度改革国民会議が描いた。その後継機関として、社会保障制度改革推進会議がプログラム法で設置されている。消費税引き上げの再延期は、この社会保障の新しい姿の検討を先送りすることになる。

人口減少社会に突入し、前人未到の超高齢化を経験しているわが国において、社会保障の中長期的展望を描くことは、緊要な課題だ。それが先送りされることは、まことに憂慮に堪えない。

【追記】

本稿脱稿後に、熊本・大分で大規模な地震による災害が発生した。この影響はどうであろうか。衆・参の同日選の選択肢はなくなったとみるのが常識的であろう。但し、参議院選挙後の臨時国会で衆議院解散という可能性は残る。消費税増税先送りについては、先送りする場合の理由として説明する要素が増えたということになろう。逆に、震災復興で財源が必要なので、財政健全化のために予定どおり増税実施という説明にも使えるので、いずれにしても安倍首相の決断次第であることは変わりがない。なお、4月24日の補選は、北海道5区で自民党候補が勝利した。京都3区は民進党が勝利し、自民党は不戦負。

（MEDIFAXweb　2016年4月25日）

「厚生労働省分割論」をめぐって

5月11日（2016年）に、自民党の小泉進次郎議員ら自民党若手議員でつくる「2020年以降の経済財政構想小委員会」が、人生100年時代における「厚生労働省のあり方について」と題する文書（本文は2頁。以下『提言』）をとりまとめ、厚生労働省の分割を提言した。

この小委員会は、同党の「財政再建に関する特命委員会」の下に設置されている。「（2020年以降の）社会保障のあり方を検討するにあたり、まず『人生100年時代』における国民の安心の基盤となる重要政策を担うこととなる厚生労働省のあり方について検討した」ものが今回の『提言』だ。

昨年の通常国会、厚生労働大臣の国会答弁は「2934回」

冒頭で、「なぜ今、改革が必要なのか」を論じている。まず、「人生100年時代」に国民が未来に安心して進んでいけるためには、社会保障の再構築が必要だと主張。これを担当するのが厚生労働省であるが、その多岐にわたる業務を「一人の大臣」「一つの役所」だけで担当するのは困難になりつつあるとの見解を示している。例証として挙げている昨年の通常国会での大臣の答弁数によると、厚生労働省が２９３４回で、２位の外務省（１７４９回）の１・７倍の多さだった（『提言』別紙１）。

「厚生労働省は、業務に比して本省定員数が少なく、職員の残業時間は霞が関でワーストである。国会でも、両院の厚生労働委員会が審議すべき法案が非常に多く、重要法案の成立が遅れる原因になっている」とも指摘。所管委員会の審議時間は、厚生労働省が３０６時間で、２位の法務省、経済産業省の１６３時間の２倍に近いことも示した（別紙１）。

「今後、社会保障改革の具体的な方針を検討するにあたって、着実な政策遂行が為されるための枠組みを確保する観点から……厚生労働省のあり方を検討する必要がある」と記している。

次いで『提言』は、以下のように「議論の経過」をまとめている。

①厚生労働省は、「国債費」を除く一般会計支出の約４割を占めている。

②橋本行革で、厚生、労働両省を統合して「厚生労働省」になったが、想定を超えて人口減少や少子高齢化が進み、社会保障給付や子ども・子育て支援ニーズが大幅に拡大した。

③「人生１００年時代」では、社会保障などの重要性が拡大するが、社会政策の観点だけでなく、

経済政策、科学技術政策、教育政策との連携も重要になる。
④これまでの行政改革では、厚生労働行政に必要な人員確保ができておらず、政府全体で、必要な機構や人員配置を強化できる仕組みが必要。また、自治体への権限・財源移譲もセットで検討する必要がある。
⑤麻生政権時に、厚生労働行政の見直しが提言されたが、実施されていない。
⑥諸外国の省庁の機能分担を見ると、3方式がある（『提言』別紙2）。

厚生労働省の「3分割」「2分割」を提言

その上で、『提言』は、「厚生労働省の分割・新省設置」と「二大臣制の検討を提案。厚生労働省の分け方として、以下の3案を示している。
①社会保障（年金・医療・介護）、子ども子育て（少子化対策・子育て支援）、国民生活（雇用・再チャレンジ・女性支援）
②社会保障（医療・介護）、子ども子育て（少子化対策・子育て支援）、国民生活（年金・雇用・再チャレンジ・女性支援）
③社会保障（年金・医療・介護）、国民生活（少子化対策・子育て支援・雇用・再チャレンジ・

女性支援）

「当小委員会としては、厚生労働省のあり方の抜本的な見直しについて党内で議論を行った上、ただちに改革を実行すべきであると考える。その際、国会における審議のあり方についても検討が必要である」、と『提言』は結んでいる。

大型連休前、すでにこの小委員会の議論は報道されている。厚生労働省の分割について「過去にも議論されたが、政府・与党内で賛否が分かれて実現しなかったテーマだけに、今回も道のりは険しそうだ」（4月28日『読売新聞』朝刊4面）との予測がさっそく出ている。

たしかに、国会の会期は6月1日までであり、その後に参議院選挙が控えている。２０１７年4月の消費税率10％の引き上げの是非など、当面対応が迫られる難題もある。『提言』が主張する厚生労働省の分割が、ただちに実現するとは思えない。

しかし、昨年11月には河野太郎行政改革担当大臣が、日本記者クラブで厚生労働省を3つぐらいの分野に分けるよう「問題提起」をしているように、厚生労働省のあり方を見直すべきとの議論は繰り返し浮上してきた。厚生労働省の分割論について、どのように考えるべきだろうか。

厚生労働省小史

少し遠回りになるが、今日の厚生労働省がどのように形成されてきたのかを振り返りたい。

厚生省は、事実上の日中戦争が本格化する１９３８年に内務省から分離する形で新設された。新省設立のプロモーターは陸軍である。その前年、陸軍省は「衛生省案要綱」を提案しており、閣議で「保健社会省案」にまとめられた。当時、「社会」という言葉は不穏当だとして、枢密院で省名が「厚生省」に改められ、大臣官房、体力局・衛生局・予防局・労働局・臨時軍事援護部、外局の保険院という編成でスタートした。

戦後、労働改革があり、１９４７年９月に、社会党政権（片山内閣）下で、厚生省から労政局、職業安定局、労働基準局を切り離し、新たに婦人少年局、労働統計調査局を加えて、労働省が設置された。

厚生行政は、都道府県、市町村を通じて行う事業が多いが、労働行政では、労働基準監督署、公共職業安定所と通じた直轄行政の比重が大きい。このことは、厚生省と労働省の「省風」の違いを形成してきたと言えよう。

筆者は、１９７３年に厚生省に入省した。当時の編成は、大臣官房と同統計情報部、衛生部局として公衆衛生局、環境衛生局、同水道環境部、医務局、薬務局の4局1部、福祉部局として、社会局、児童家庭局、援護局の3局、社会保険部局として、保険局、年金局、社会保険庁の2局1庁であり、大臣官房＋9局2部＋1外局という、当時としても大きな組織であった。この中で3局の局長は医系技官が就いていた。なお、前年の1972年に厚生省にあった公害部と国立公園部などが分かれて、環境庁が発足している。

厚生省が担当する領域の行政ニーズも当然、時代とともに変化する。終戦直後は、戦後復興、戦後改革の時期であり、海外からの引き揚げ、生活保護、急性感染症対策が中心で、社会局、公衆衛生局が主軸であった。1961年の皆保険・皆年金の達成、高度経済成長期の中にあって、政策も予算も社会保険にシフトしてきた。医療保険を担当する保険局が厚生行政の焦点となった。その後、73年の給付改善で年金が「離陸」し、年金局も存在感を増してきた。事務次官に就任するのは、ほとんどが社会局長経験者という時代もあったが、73年以降、保険局長経験者が多くなった。

高齢化の進行に伴って、1963年に老人福祉法が制定され、その前年に社会局に老人福祉課が設置された。73年の老人医療費の無料化、83年の老人保健法の施行、90年の福祉8法の改正・ゴールドプランのスタート、2000年介護保険制度の施行という経過の中で、担当組織は公衆衛生局老人保健部、大臣官房老人保健福祉部と拡大を続け、1992年に老人保健福祉局となった（厚生労働省発足時に老健局と改名）。この局昇格の「財源」に充てられるため、援護局が社会局と統合され、社会・援護局となっている。

厚生省と労働省が再び一つに

２００1年1月6日、中央省庁の再編で厚生省と労働省が統合され、厚生労働省が発足した。半世紀以上を経て、再び一つになったとも言える。元来、厚生省は事務系のほか、医師、歯科医師、薬剤師、看護師、獣医師、数理、衛生工学など技官も多く、「多民族」の組織であったが、厚生労働省になって、心理、化学、工学などさらに多くの職種を抱えることとなった。

発足した厚生労働省では、1大臣、2副大臣、2政務官という政務3役体制が敷かれ、事務次官、厚生労働審議官、大臣官房、2政策統括官と11局、2外局（社会保険庁と中央労働委員会）、地方支分部局（7地方厚生局と47地方労働局）の体制になった。

労働省からは、労働基準、職業安定、職業能力開発の3局が移管（労政局は廃止）、女性局は児童家庭局と統合して雇用均等・児童家庭局となった。厚生省の生活衛生局は廃止された。また、廃棄物行政は環境省に移管された。統合に当たり、年金と高齢者雇用の連携、仕事と子育ての両立支援、障害者の雇用と福祉施策の連携が「統合のメリット」として説明された。

社会保険庁は、皆保険・皆年金達成後、企画と現業の分離という観点から、社会保険の現業を担う組織として1962年7月1日設置された。しかし、2004年以降、年金の未納・未加入問題がクローズアップされる中、政治家を含む著名人の年金記録の職員による「覗き見」が発覚、国民年金不正免除問題、年金記録問題など不祥事が相次ぎ、社会保険庁は、2009年12月31日に廃止された。そして非公務員型の公法人（特殊法人）日本年金機構が、2010年1月1日に発足した。

社会保障が内政の最重要課題に

私が厚生省に入った1973年は、年金、医療について画期的な給付改善があり、「福祉元年」と言われた年である。医療については、老人医療の自己負担の無料化、健康保険の給付率の5割から7割への引き上げ、高額療養費制度の創設などの制度改正が行われた。

この制度改正の効果は著しいものがあった。わが国の社会保障給付費は、1973年度6兆2587億円（対GDP比5・36％）から、80年度には、24兆円（対GDP比9・97％、以下同じ）、90年度47兆円（10・49％）、2000年78兆円（15・34％）、13年110兆656億円（22・91％）と飛躍的に拡大してきた。社会保障の規模は、この40年間で、名目で17・5倍となり、対ＧＤＰ比では4・3倍となった。国家経済に占める割合が大きく上昇したということはつまり、社会保障分野の行政需要が飛躍的に拡大したことを意味する。

役所の仕事は予算であると言っても過言ではない。１９７３年度の国の一般会計歳出は、14兆２８４０億円であり、厚生省予算は２兆９３０億円（国家予算に占める割合14・６％）に過ぎなかった。２０１６年度の一般会計歳出は、96兆７２１８億円であり、厚生労働省予算は30兆３１１０億円（同31・３％）に上る。73年度から今年度までに、国の一般会計歳出が６・７倍であるのに対して、厚生労働省予算は14・４倍と大きく上回る伸びを示している。

バブル経済がはじけてから、国の財政の公債依存度が高まっている。公債費と地方交付税を除いた一般歳出、すなわち中央省庁の政策経費は今年度57兆８２８６億円であり、社会保障関係費は実にその55％を占めている。中央省庁が使える経費の半分以上が社会保障に充てられているのだ。

この間、社会保障の規模が大きくなって、役所の仕事量が増えただけではない。政治的には、自民党と社会党を中心とした「55年体制」の下で、国会の社会労働委員会（今日の厚生労働委員会）が、予算委員会とならんで与野党対決の主戦場となってきた。皆保険、皆年金の達成後、60年代では医療保険財政問題が、70年代以降はこれに年金制度改正問題が加わって、厚生省は常に「対決法案」を抱えることになった。

筆者は80年代前半のスウェーデン駐在経験で実感したが、成熟国家では国民生活の質がますます問われるようになり、年金、医療、介護、福祉、保育などの社会保障は、内政の最重要課題となる。

わが国も、60年代、70年代を通じて福祉先進国にキャッチアップを図る過程で、国政における社会保障の重要性が高まってきた。この分野での失政は政権の命取りになりかねない。消えた年金記録問題が国民の大きな怒りを呼び、２００９年の総選挙で民主党政権の成立に「貢献」したことは、その証左に他ならない。

各省一律の「行政改革」が問題

厚生省、厚生労働省で勤務してきた経験からすると、確かに仕事量が多く、忙しい職場である。国会審議も、厚生労働委員会は非常に雰囲気が厳しい。他の委員会に呼ばれ、答弁に行くと、厚生労働委員会とは全く空気が異なり、「これが同じ国の国会か」と思われるほど平穏である。

『提言』が指摘するとおり、厚生労働省が機能不全を起こしているとすれば、それは「一つの役所」だけで担当するのは困難だからではない。先に述べたこの数十年間の社会保障の進展、すなわち、わが国が名実ともに福祉国家となり、その行政需要が増えたにもかかわらず、組織、人員の手当てができていないところに根本原因がある。

社会経済の進展に伴い、当然、各分野の行政需要は変化するが、各省の組織・定員はこれに応じて変動しない。行政改革も、各省の現状の組織・定員を前提に、例えば、公務員の定員削減についても各省一律に行うので、各省のシェアの変更は起こらない。チーズの塊をスライスするように、各省一律に「1局削減」などを行うのである。新しい局や課を新設するには「スクラップ・アンド・ビルド」として、省内で別の局や課を削減しなければならない。

その結果、各省庁の定員は業務量と関係なく固定され、『提言』が指摘するとおり、厚生労働省は「本省定員が少ない」のである。厚生労働省を2分割、3分割すれば、「1人の大臣」の負担は確かに軽減されるかもしれない。しかし、職員の数を増やし、局や課などの組織を整えなければ、企画立案や法案作成、与党との調整（日本では、法案などに対する与党の「事前審査」がある）、国会答弁への対応など、膨大な事務作業を担う職員がパンクしている状況は何ら改善されないだろう。

厚生労働省の分割を議論する前に、政府全体で業務量に応じた定員・組織の再配分が必要なのだ。

まず、「あるべき社会保障」の御論を

さて、『提言』の厚生労働省の分割論だが、示されている3パターンは諸外国の省庁の機能分担を機械的に当てはめただけだ。

すなわち、A「社会保険（年金・医療・介護）」とB「子ども・子育て（少子化対策・子育て支援）」、C「雇用・その他」の3ブロックに分けた上（第1案）で、年金をAからCに移すか（第2案）、AとB＋Cに2分割とするか（第3案）である。

なぜそうするのか、哲学も思想も示されていない。ただ、「大きいから分ける」ということで、分割することが自己目的化しているとしか思えない。社会保障の改革が必要だとして、どのような社会保障を目指すのか、そのための手段として使いやすい行政組織の姿はどうあるべきかを論じるのが議論の本筋のはずだ。

『提言』は、目的を論ぜず、手段を論じる。論議が転倒していることが最大の弱点だろう。

（MEDIFAXweb　2016年5月15日）

岐路に立つ社会保障

――「一体改革」を実現できない日本の政治――

通常国会が閉幕した6月1日（2016年）の記者会見で、安倍首相は2017年4月に予定されていた消費税率10％への引き上げを2年半延期し、19年10月からとすると発表した。12年6月の自民、公明、民主（当時）の3党合意では、消費税率10％への引き上げは2015年10月とされていた。すでに安倍首相は14年11月に1年半の延期を行ったので、今回は2度目の延期となる。今回の消費税増税の再延長をどう考えるべきか。

「再延期」のインパクト

まず、「一体改革」について確認しておこう。

「一体改革」は、消費税を社会保障の財源として、その機能の強化・充実を図るとともに、従来、安定財源がなかった基礎年金国庫負担2分の1への充当、特例公債に頼って後世代に負担を先送りしている部分の解消に努め、社会保障の安定を図ろうとするものであった。3党合意では、社会保障の税財源は消費税で賄うことを基本とし、消費税はすべて社会保障の財源に充てることとされていた。このため消費税の目的税化、社会保障財源化と言われた。

消費税率は段階的に10％まで引き上げる計画で、10％への引き上げは当初15年10月の予定だった。しかしながら、安倍首相は10％への引上げを17年4月まで延期することを表明。国民に信を問うとして14年11月に衆議院を解散し、総選挙となった。その際、17年4月の引上げは必ず行うと公約していたのである。

消費税率引上げの延期は、当然ながら社会保障を直撃する。その証左は今年4月の診療報酬改定である。消費税が15年10月に予定どおり引き上がらなかったので、16年度の社会保障財源は見込んだ増加分がなく、今回は14年4月の改定を超える厳しいマイナス改定を余儀なくされた。当初の予定通りに10％への引き上げが行われていれば、今回改定の姿は違ったものになっていただろう。

引き上げ再延期について、安倍首相は社会保障財源の確保に努めるとしているが、一方で、増税延期する以上、社会保障にすべて予定通りの財源を充てるわけにはいかないとし、中ではアベノミクス新3本の矢に関係する保育士の確保や介護職員の処遇改善を重視する姿勢を示している。だが、具体的な方策については現段階で明らかでなく、全容が決まるのは参議院選挙明けとなろう。民進党の岡田代表は、増税までは赤字国債で賄うと党首討論で主張したが、与党は「無責任」として否定的だ。

見通しが暗くなった「18年同時改定」

他方、安倍首相は消費税の引き上げは再延期するものの、20年に国と地方の基礎的財政収支を黒字化する財政健全化目標は堅持するとしている。昨年6月の「骨太2015」では、18年度まで社会保障費の伸びは毎年5000億円にとどめる方針を示している。確かに16年度の厚生労働省予算はその範囲内の仕上がりとなった。

参議院選挙後、直ちに17年度予算に向けての各省の概算要求作業がある。財政再建目標を堅持する一方、社会保障の伸びは5000億円以内という縛りがある中で、17年度の社会保障予算をどう組むのか。16年度予算は、診療報酬のマイナス改定によって何とか5000億円以内というハードルをクリアしたが、来年は診療報酬改定も介護報酬の改定もない。厚生労働省としては頭が痛いことであろう。

もっと深刻なのは18年の診療報酬・介護報酬の同時改定である。厚生労働省も含め医療・介護関係者は、2025年をゴールとする医療・介護提供体制改革の達成に向けて、18年を大きな山場と位置づけてきた。現在、都道府県が策定中の地域医療構想は、医療計画の中で位置づけなければならないが、新たな医療計画が始まるのも18年であり、市町村が策定する7期の介護保険事業計画もこの年がスタートであるからだ。タイミングよく17年4月には消費増税があり、同時改定に当たっての財源の確保の見通しも立っていたので、関係者の期待は大きかった。今回の再延期は、これを打ち砕くものであり、18年4月改定の見通しは誠に暗くなった。

「充実」と「抑制」で揺れる社会保障

中長期的にはどうであろうか。戦後の社会保障は、給付の充実と抑制との間で振り子のようにゆれてきた歴史である。「一体改革」は、長く続いた社会保障の抑制から「機能強化・充実」へ振り子を戻すものであったが、今回の再延期はその振り子を抑制に戻すか否か、まさに岐路に立っているのである。

社会保障の歴史の中で「一体改革」を位置づけてみよう。1961年の皆保険・皆年金の達成によってわが国の社会保障は制度的には一応の完成をみたが、その容器を満たす内容が十分でないというのが当時の認識であった。皆保険達成直後である62年8月の社会保障制度審議会の勧告は、国民所得と国家財政における社会保障費割合を今後10年の間に、自由主義諸国の現在の割合を少なくとも下回らない程度まで引き上げるという内容だった。西欧諸国へのキャッチアップが課題であった。給付の大幅な改善は、「福祉元年」と呼ばれた73年にようやく実現した。

これに対する「揺り戻し」が、80年代前半の第二臨調下での「福祉見直し」である。背景には、80年の高齢化率が9％を超え、本格的な高齢社会の到来が目前に迫ってきたことがある。加えて社会保障には、高度経済成長期に生じた産業構造の変化に対応できる制度への脱皮が求められた、「福祉元年」の給付改善に行き過ぎの是正も必要であった。そこで、80年代前半に一連の改革が行われた。老人医療の患者自己負担の再有料化と70歳以上の老人医療費を全制度で支えることとした老人保健法の制定、被用者保険本人1割負担の導入など健康保険法改正、基礎年金制度の導入と20年間かけて厚生年金の給付水準を引き下げる年金制度の改正などである。

この結果、80年代における社会保障給付費の伸びは、ほぼ国民所得の範囲内にとどまり、社会保障制度は安定軌道に乗ったように見えた。特に80年代後半のバブル期においては医療保険財政が好転し、92年の健保法改正では政管健保の保険料率、国庫負担割合をともに引き下げる改正が行われたほどだ。89年の消費税制度導入に伴い、高齢者介護はその充実が求められることとなり、89年末には2000年までの高齢者保健福祉推進10か年戦略が制定されている。振り子は、一時的に改善方向に振れたかのように見えた。

しかしながら、90年代に入り、バブルがはじけ、長期的な経済の低迷が続く。最初に破綻に瀕することとなったのは医療保険財政である。90年代後半から2000年代前半にかけて、2度にわたって患者負担の引き上げと、累次の診療報酬のマイナス改定があった。年金制度においても、最終保険料率の高騰を防ぐため、支給開始年齢の引き上げ、04年改正では保険料上限固定方式での制度運営、マクロ経済スライドの導入などが行われた。小泉内閣による「構造改革」は06年まで続き、その後も「骨太2006」に基づき、社会保障の国庫負担の伸びを毎年2200億円抑制する方針が継続した。

この間、2000年に介護保険制度が導入された高齢者介護のように、給付が大幅に増大した分野がないわけではないが、社会保障全体としては給付抑制の時期であった。

路線転換としての「一体改革」

しかし、2000年代後半になると、いわゆる地域医療の崩壊、介護労働者の不足、貧困・格差問題の深刻化など、社会保障のほころびがあらわになってきた。福田内閣、麻生内閣の下で開催された「社会保障国民会議」、「安心社会実現会議」は、軌道修正を模索するものであったが、

08年にはリーマンショックが起こり、実を結ばないまま、09年夏の民主党への政権交代となった。09年3月の政権交代目前とした自公政権下の税制改正法附則第104条で、11年度中に消費税の引き上げを含む税制の抜本改正を行うと規定したのが、路線転換に向けた努力の唯一の痕跡となった。

09年の総選挙で、従来の自公政権下の社会保障を全く一新する内容のマニュフェストを掲げた民主党政権では、その実現が課題となった。具体的には月額2万6000円の子ども手当の支給、全国民が加入する最低保障年金付きの所得比例年金への年金制度の一元化、08年度から開始された後期高齢者医療制度の廃止、05年秋に制定された障害者自立支援法の廃止などである。社会保障改革に加えて、高速道路の無料化、高校教育の無償化などマニュフェストに必要な財源は、民主党は政権に就けば、容易に確保されるはずであったが、現実はそうはいかず、鳴り物入りで始めた事業仕分けで得られた財源もマニュフェストの財源確保にはほど遠いものであった。

それでも、公約の半額の月額1万3000円ではあるが、2010年6月から子ども手当の支給が始まったが、自公から「ばらまきの典型」であると批判にさらされた。11年3月には東日本大震災・福島原発事故が発生した。自公は、復興への協力の前提として子ども手当の廃止を求めた。10年7月の参議院選挙で民主党が大敗し、「ねじれ国会」となっていた状況の下で、子ども手当は廃止に追い込まれた。

「ねじれ国会」の下で野党の協力がなければ社会保障改革が進められないという手詰まりの中で、自公政権下で条文化された、11年度中に消費税の引き上げを含む税制の抜本改正を行うと規定した税制改正法附則第104条がクローズアップされる。10年10月から民主党政権下で「社会保障と税の一体改革」の検討が始まった。附則第104条の規定に沿って12年3月に消費税増税2法案が、子ども・子育て関連3法案、年金関連2法案とともに国会に提出された。法案の修正協議の中で6月、自公民3党による合意が成立、8月に3党で提出した社会保障制度改革推進法を加えて「一体改革関連8法案」が成立を見た。

これによって90年代後半から20年近く続いた「抑制」から、「充実」へと振り子が向かうこととなった。12年12月の総選挙で自公への政権交代が起こり、第二次安倍内閣が成立したが、新政権は3党合意を尊重し「一体改革」の継続を表明した。

「一体改革」前提に「地方創生」「1億総活躍」

14年4月の消費税率を5%から8%へ引き上げることにより、「一体改革」は実施に移された。14年度には消費税財源による「社会保障充実予算」が計上された。06年の医療制度改革以来、関係者の合意形成が難航し、制度改正が停滞していたが、医療介護総合確保推進法案によって14年

6月には医療・介護関係の19法案の改正が行われた。14年4月の診療報酬改定は史上初めて、定時改定と消費税対応のための改定とが同時になされる改定で、大方の予想に反して定時改定部分はマイナス改定という結果とはなったが、改定内容は「一体改革」で示された医療・介護提供体制の改革の実現を目指すものとなった。

14年6月号の月刊誌『中央公論』に、「消滅可能性自治体」に関する論文が公表され、関係者に衝撃が走った。政府は早くも、同年9月に「まち・ひと・しごと創生本部」を設置。「まち・ひと・しごと創生法」を国会に提出し、11月には成立・施行と急ピッチで地方創生が政策化された。

15年9月には、自民党総裁に再選された安倍首相が、新アベノミクス3本の矢、一億総活躍社会の実現を表明。20年度までにGDP600兆円を目指す「希望を生み出す強い経済」(新・第一の矢)、希望出生率1・8を実現する「夢をつむぐ子育て支援」(新・第二の矢)、介護離職ゼロを目指す「安心につながる社会保障」(新・第三の矢)を掲げた。これらの政策は「一体改革」の社会保障改革と重なり合う部分がある。社会保障の基本路線は「一体改革」で敷かれ、「地方創生」や「一億総活躍」はその前倒しや加速化であると整理されよう。

消費増税という「給油」なく、ガス欠の懸念

今年（2016年）1月に公表された内閣府の中長期試算は、アベノミクスが成功しても国と地方の基礎的財政収支の20年の黒字化には6兆5000億円が不足するという。今回の再延期でさらにこの不足額は大きくなり、社会保障予算への抑制圧力はさらに高まるだろう。問題は、「一体改革」で目指したように総体として社会保障の充実に向かうのか、今回の再延期が「振り子」を社会保障の抑制に向けて戻すことになるのか、ということである。

15年の高齢者数は3384万人で、高齢者数の増大が続く2040年の3868万人まであと500万人のところまで来ている。われわれは高齢化の最後の急な登り坂にさしかかっている。この坂を、2回の消費税増税という2回の給油をしながら運行していこうというのが「一体改革」であった。2度目の給油が2回パスしているのでガス欠が懸念される。減速せざるを得ない状態だ。

更なる問題は、今回のロードマップは消費税10％までしか描かれておらず、「ポスト10％」の姿を描かなければならないことである。社会保障の税財源は基本的には消費税で賄うこととされているが、消費税率が10％となったとしても、消費税で賄うこととしている社会保障4経費（国・地方44・5兆円）と比較して19・3兆円が不足することが見込まれていたのである。社会保障の財源として、消費税10％の先をどう考えるのか。また、財政健全化の観点から2020年の財政健全化目標が達成されたとしても、その先の財政再建の課題がある。双方の立場から、ポスト10％の世界を検討しなければならないが、10％への引き上げが4年伸びたことにより、検討すらできない状態が続いている。

社会保障にとって何より残念なことは、社会保障には費用がかかり、その充実を図るのであれば増税もいとわないという政策（世界では当たり前のことであるが、わが国ではかつてできたことはなかった）について与野党が合意したという「一体改革」を、完遂できない政治しか、われわれは持つことができなかったということである。

（MEDIFAXweb　２０１6年6月19日）

これから求められる社会保障の姿

これから求められる社会保障の姿

はじめに

わが国の社会保障は、1961年の皆保険・皆年金の達成でその骨格が形成され、1973年の大幅な給付改善により大きく発展し、80年代前半の「福祉見直し」を経て、現在に至っている。社会保障給付費は、1970年度3・5兆円、対GDP4・68％であったものが、2013年度110・6兆円、対GDO比22・91％とその規模が拡大してきた。

他方、わが国経済は1990年以降長期にわたり低迷している。GDPは、1990年451・6兆円から2013年483・1兆円と23年間でわずかに6・9％しか伸びていない。この間の社会保障給付費は47・2兆円から110・6兆円と2・34倍になっているにもかかわらず、である。

このような中で、社会保障についてはその持続可能性が課題となり、1990年代後半以降、さまざまな改革が重ねられてきた。2012年6月に当時の自民党、公明党、民主党の3党での合意によって成立した「社会保障と税の一体改革」は、2000年代後半以降こう着状態に陥り、停滞していた改革を再起動させるものであった。本書収録の文章の多くが、「一体改革」を論じてきた。

しかし、当初2015年10月と決定されていた消費税率10％への引き上げが安倍首相によって2017年4月へと延期され、さらに今般、2019年10月へと再延期されたことにより、当初のスケジュールから4年遅れが生じている。「一体改革」の枠組みは既に崩壊したとの見方も出ている。

筆者は2010年10月の「一体改革」の検討開始時から内閣官房で事務局として関与してきたが「一体改革」の意義は、次の諸点にあると考えている。すなわち、

①社会保障制度の持続性を高め、その機能が十分発揮されるようにするため、必要な財源のためには、国民に負担の増を求めていく。

②社会保障については、政争の具とせず、党派を超えて合意を得て実行に移していく。

③半世紀以上かけて構築してきた社会保障を次世代に引き継いでいく。まして後世代に負担のつけ回しはしない。

という枠組みである。

人口の高齢化が言われて久しい。わが国は高齢化の最後の急な登り坂を超えていく段階に差し掛かっている。全世代対応型の社会保障へと転換を図ることなど、時代のニーズに即応した社会保障制度としていくためには、不断の制度の改革が求められる。上記の「一体改革」の枠組みは、これからの社会保障改革においても必須なものであり、この意味で「一体改革」の意義は失われていないと考える。「一体改革」の精神は、これからも引き継がれていかなければならず、また、必ずや継承されていくであろう。

そのことを前提として、これから求められる社会保障の姿を描いてみたい。

給付に見合った負担を求める

２０１５年度の社会保障給付費は１１６・８兆円であり、その6割は社会保険料、４割は税財源で賄われている。税財源のうちほぼ４分の３が国の負担である。２０１６年度の国の歳出予算96・7兆円のうち31・9兆円が社会保障関係費である。一方、税収が不足し、国の歳入96・7兆円のうち34・4兆円（歳入の35・6％）を新たな公債発行に頼っている。社会保障関係費のうち、10兆円前後は新たな公債発行に頼っている計算になる。現在の社会保障はこれだけの金額を後世代につけ回しをしているのだ。

わが国の社会保障の歩みを振り返ると、給付の改善を求める声はいつも大きく、それに必要な費用の負担については正面から向き合わず、負担を回避したり、値切ったりする論議ばかりが横行してきた歴史といっても過言ではない。

年金制度では、2004年改正で仕組みが変わるまでは、「5年に一度の年金改正」がルール化され、その度に（2000年改正を除き）年金保険料は引上げられてきた。しかし、ほとんどの場合、政府が提案する保険料の引き上げ幅は、与党審査や国会審議で引き上げ幅が縮小する形での引き上げであった。医療保険においても、政府管掌健康保険（当時）の財政の行き詰まりを梃に、保険料の引き上げが国会において、怒号の中で採決されてきた。その反省から、介護保険制度では市町村が介護保険事業計画を3年に一度策定することとし、それに必要な保険料を当該市町村が設定する仕組みを採用した。

それでも社会保障財源のうち保険料については、曲がりなりにも引き上げが行われてきた。これに対して税財源については負担増についての国民の抵抗感が強く、増税はほとんど行われてこなかった。シャウプ税制改革によって所得税中心の税制が採用され、高度経済成長期には豊かな「自然増収」が発生した。これを減税という形でばらまいてきたのがわが国の税制改正の基本形である。1990年以降続く経済停滞の中で、税収が落ち込み、歳出と税収のギャップが「ワニの口」のように拡大したのは周知のとおりである。

「一体改革」の枠組みの下、2014年4月に消費税率が5％から8％へと引き上げられたことは、わが国の税制の歴史の中でも画期的なことであった。このような実質増税が容認されたのは、その使途を社会保障に限定する「消費税の社会保障目的税化」（安住財務大臣・当時）を行ったからだ。

厚生労働省の将来推計では2025年の社会保障給付費は148・9兆円へと増大し、対GDP比は24・4％まで上昇すると見込まれている。これからの社会保障の基本は、この給付に見合う財源を国民が負担していくことである。

その財源としては、国民が広く、薄く負担する消費税に求めざるを得ない。ヨーロッパ諸国の実例でいえば多くの国が税率20％であり、25％の国も珍しくないことからいえば、わが国の消費税率10％は到底ゴールといえないだろう。最低でも15％、将来は20％を覚悟しなければならない、と見るべきだろう。

所得に対する消費税負担の割合が低所得層で高いという意味で消費税は逆進的だと言われる。しかし、「一体改革」によって、消費税はもっぱら社会保障に充てられる。厚生労働省の所得再分配調査によれば、低所得層は「負担」（税・保険料の額）よりも「給付」（年金、医療、介護などの社会保障の給付の額）が大きく、低所得ほど「給付」と「負担」の差である「受け取り」が大きい。年収600万円以上となると「負担」が「給付」を上回り、「出し手」となっている。

このように、消費税収のすべてを社会保障に充当することが、そもそも消費税の逆進性を緩和することになるのだ。さらに、社会保障の制度内においても、更なる所得再分配機能を高めていかなければならない。社会保険料の賦課の上限の引き上げ、低所得者の保険料の軽減措置の強化、年金制度における基礎年金の給付水準の確保、医療保険・介護保険における高所得層の自己負担の強化などが必要である。

しかし、所得再分配機能は税制において実現していくことが基本であろう。高所得者の年金給付について削減すべきだという議論があるが、年金制度で削減するよりは、年金課税の見直しなどによって高所得者への課税を強化していくことが本筋である。所得税の最高税率の引き上げ、相続課税の強化、高所得者の金融資産などへの課税の強化といった取り組みが必要である。

重要になる低所得者対策

筆者は、厚生労働省老健局長在任中に「高齢者介護研究会」と「高齢者リハビリテーション研究会」を設置し、その成果を報告書『2015年の高齢者介護』（2003年6月）と『高齢者リハビリテーションのあるべき方向』（2004年1月）としてまとめた。これらの研究会を通じ、「高齢者の尊厳を支える介護」、自立の支援、ICFモデル、「活動と参加」などの重要性が確認され、政策立案の基礎に据えられた。２０１３年８月の社会保障制度改革国民会議の報告書も同じ思想に立脚している。「治す医療」から「治し・支える医療」へ、「病院完結型」から「地域完結型」へ、あるいは「病院・施設」から「地域・在宅へ」ということが強調されている。「医療モデル」から「生活モデル」への転換が求められているのだ。このことは、医療・介護分野に限られるものではない。児童福祉、障害者福祉、難病対策、生活困窮者対策、生活保護など、すべての分野において同じ思想の下で改革が押し進められなければならない。２００５年の介護保険法の改正で、特別養護老人ホームに入所した際の食費、居住費は自己負担とされた。医療や介護は「生活を支える」ために機能するが、生活そのものは「自助」の世界であり、まさに自活が求められているのだ。だが、その場合、低所得層をどう支援していくかが課題になる。近年、深刻になっている貧困・格差の問題だ。

老後の所得保障である年金は、２００４年の制度改正によって保険料の上限を設定し、その範囲内で運営していく仕組みに変更された。厚生年金の保険料は２０１７年に上限（18・３％）に達する。年金給付は、現役労働者の平均賃金に対する割合を２０１４年度の62・７％から50％近くへ低減していくこととなる。つまり、年金の給付は現状より改善することはない。「一体改革」における年金の議論でも、低年金者の存在が問題となり、最低保障機能の強化が図られることとなった。低年金者に月額５０００円を支給する年金生活者支援給付金である。介護保険料、後期高齢者の保険料は、年金から「天引き」されている。今後これらの保険料の上昇は必至であり、その分、手取りの年金額が減少することになる。低所得の高齢者数の増大が深刻だ。

被用者の4割近くが非正規雇用である今日、低所得の問題は高齢者のみに限らない。最低賃金の引き上げや、同一労働同一賃金が叫ばれる所以だ。

地域包括ケアシステムでは、「住まい」が重視されているが、持ち家がない高齢者の住宅問題は深刻だ。日本では住宅手当がないので、家賃負担ができない高齢者は貧困に陥る。生活保護受給の高齢者の多くは持ち家でない。

戦争直後の社会保障は救貧対策が課題で、生活保護行政が中心であった。皆保険・皆年金を達成し、社会保険による防貧対策へと重点が移動した。低所得者中心の対策から、高度経済成長のもとで出現した膨大な中間層も対象にできるように制度を普遍化していくことが、社会保障政策の中心となった。「措置から契約へ」をスローガンに掲げた介護保険制度の創設はその典型である。

今日、われわれは1960年代初頭当時とは比較にならない豊かな社会を実現した。しかし、その中で社会保障は再度、貧困問題に直面している。戦後70年余で課題は一巡し、原点に立ち返ったと言えよう。

これからの社会保障では、重点を低所得層に絞り、中高所得層は年金について言えば私的年金や自助による補完を求めるべきであろう。一言でいえば、社会保障の内外において所得再分配機能を高める必要がある。

限られた貴重な財源をどこに投入すべきか。まずは「重大なリスクに備えること」を重視すべきであろう。このような立場から言えば、家計が高額な医療費の支出により破綻することの回避を図るべきであって、具体的には高額療養費制度を機能させるということになろう。そのための財源確保には、「スモールリスク」は受忍するということになろう。例えば毎回の外来の受診時の「広く・薄い患者負担」は、このような立場からは容認すべきであろう。

制度横断的、総合的なアプローチとインフォーマルサービスの重要性

２００５年の介護保険法改正で地域包括支援センターを創設した。その財源を確保するため、介護保険の財源を用いて市町村が必要な事業を実施する「地域支援事業」の枠組みを介護保険制度の中で法定した。２００５年改正で制度化された地域包括支援センターの費用も地域支援事業で賄われている。

ところで、この地域包括支援センターは介護保険法に基づく制度であり、制度としては当然に高齢者を対象とするものである。しかし、本来地域において「包括支援」のニーズは、高齢

者に限ったものではない。児童、障害、生活困窮などあらゆる分野に必要とされるだろうと、2005年当時に考えた。地域包括支援センターは介護保険制度で始まるものの、ゆくゆくは地域における相談事業などのプラットホームとして活用されることを期待して、「高齢者地域包括支援センター」とせず、あえて「地域包括支援センター」としたのである。

福祉の発展プロセスを見ると、各領域で施設福祉から始まり、次第に在宅福祉が発展するというプロセスをたどってきたのであるが、制度ごとの縦割りが強く、他領域との総合化は苦手であった。象徴的な例が施設の「合築」であり、ながらく認められず、認められても「入口は別に」、「他施設部分との境界には壁を」などという指導が当初はなされてきた。

住民、利用者の抱えるニーズは複雑多岐、多種多様であり、必ずしも制度の枠に収まり切らない。必ず、制度からはみ出す部分や、制度の狭間に陥る部分が出てくる。ニーズに対応するサービスという視点から施策を構築していこうとすると、制度横断的、総合的なアプローチが求められることは必然だ。

わが国は2008年以来、人口減少社会となっている。医療・介護・福祉サービスのニーズの増大が見込まれる一方、労働力人口の逼迫は避けられない。医療・介護・福祉サービスの担い手も領域ごとに養成するのではなく、制度横断的なサービスに対応できる人材を養成していくことが必要となる。人材のマルチタレント化やそのような能力に対する経済的な評価の充実は、従事者の処遇改善の観点からも推進していくべきである。

２０１２年8月に3党合意で成立した社会保障制度改革推進法では、社会保障は自助、共助、公助を適切に組み合わせることが基本的な考え方として示されている。現在進行中の医療・介護提供体制の改革において目指されている地域包括ケアシステムにおいては、医療、介護、介護予防、住まいに加えて、「日常生活の支援」が構成要素となっている。そして、「日常生活の支援」については、近隣の助け合いである「互助」の役割が強調されている。

地域包括ケアシステムの構成要素のうち、医療と介護は制度に則って専門家が行うサービスであり、介護予防もその色彩が強い。これらはフォーマルセクターのサービスだ。これに対し、「日常生活の支援」は住民組織、非営利団体、互助組織などによるインフォーマルセクターのサービスであり、住民の参加によって支えられる。

従来、この地域の住民活動は、ほとんど公的な支援がなく、財源も自分たちの持ちより（共同募金や社会福祉協議会の会費という形で負担し、住民活動の資金として一部還元されるなど）で担われてきた。２０１４年の介護保険法の改正で、地域支援事業から生活支援コーディネーターの費用などを支援できるようになり、環境整備が進むこととなった。

住民が参加し、「支える側―支えられる側」という役割固定ではなく、ともに支えたり、支えられたりするという関係が築かれていくこと、各人が地域で「居場所と出番」が確保されるようにしていくことを目指さなければならない。この仕事は、緒についてばかりだが、高負担を避けたいのであれば、高参加はますます必要になるだろう。

地域で暮らし続けられるようにしていくためには、食事サービス、移送サービスなども必要だ。特に、移送サービスについては運輸行政サイドの規制の問題があり、その解決が必須だ。

「社会保障」の枠を超える

これまで社会保障は、ほとんどが厚生省・厚生労働省が所管し、年金・医療・介護・福祉・公衆衛生・援護の諸分野をいわば自己完結的に運営してきた。教育、労働、住宅、地域政策との連携の必要性は多く語られながら、十分な成果はあげてこなかったといえるだろう。

「地方創生」、「一億総活躍社会」などが官邸主導で相次いで打ち上げられ、厚生労働省が翻弄されているように見えるのも、これまでの社会保障行政のあり方への外からの圧力であり、是正が求められているからだ。

アベノミクス新・三本の矢のうち、第二の矢として「希望出生率1・8の実現」が掲げられている。待機児童ゼロや放課後児童対策など、従来の子ども・子育て支援の重要性は言うまでもない。しかし、究極的には一人ひとりの国民の能力を高めることが必要で、そのためには幼児期からの教育の充実が不可欠だ。ゼロ歳から小学校入学前までを対象とする保育の場での教育の重視がもっと求められる。

非正規雇用されている30歳台前半の男性は、正規雇用の同世代の男性と比べて結婚している割合が顕著に低いという統計がある。経済力の問題で家庭が形成できないのだ。このような雇用不安定社会を脱しないと少子化問題は克服できない。若い夫婦が生活していくためには共働きが必要であろうし、女性の活躍という観点からも就業の継続が望まれる。そうであれば、子育て支援の「社会化」は必然である。労働政策と二人三脚で少子化対策の推進が求められる。

人口減少社会の日本において、これからの社会保障は、教育、労働、住宅、まちづくりとの協働をしていかなければならない。

「一体改革」においては、社会保障改革の財源として消費税率10％の世界を描いてきた。社会保障の税財源は基本的には消費税で賄うこととされているが、消費税率が10％となったとしても、消費税で賄うこととしている社会保障4経費（国・地方44・5兆円）と比較して19・3兆円が不足することが見込まれていたのである。社会保障の財源として、消費税10％の先をどう考えるのか、また、財政健全化の観点から２０２０年の財政健全化目標が達成されたとしても、その先の財政再建の課題がある。

2015年の高齢者数は3384万人で、高齢者数の増大が続く2040年の3868万人まであと500万人のところまで来ている。われわれは高齢化の最後の急な登り坂にさしかかっている。

この坂を上り切り、国民生活の安定を図っていくためには、上で述べた「求められる姿」へと改革を進め、目標とする負担と給付の水準は、国際比較の観点からすれば、高福祉高負担ではなく中福祉中負担である、「中規模の高機能な社会保障体制」(2010年10月社会保障改革に関する有識者検討会報告)を構築していかなければならない、と私は思う。

初出一覧

政策形成の現場から

はじめに　動き出した「社会保障と税の一体改革」　「こくほ随想」社会保険出版社　2014年4月
（原題　動き出した「一体改革」）
国民会議をめぐって　国民会議の変遷　『朝日新聞』朝日新聞社　2013年8月23日
消費税と社会保障　消費税なかりせば　『朝日新聞』2012年10月18日
日本の社会保障　国際比較で考える
（原題　日本の課題　子育て・住宅　福祉分野の充実を）　『朝日新聞』2013年6月21日
国民皆保険　ありがたさ、当たり前でない　『朝日新聞』2012年11月16日
社会保障の改革　膨らむ医療、介護費どうする　『朝日新聞』2013年2月15日
高齢者の医療費「生活を支える」制度へ転換を　『朝日新聞』2013年4月20日
診療報酬点数表　改定頼みの医療改革に限界　『朝日新聞』2013年7月19日
年金改革　次世代につなぐ植林のように　『朝日新聞』2012年12月14日

国民生活への役割　地域経済・雇用にも貢献　『朝日新聞』２０１３年5月17日
介護保険制度　団塊世代の高齢化に備えよ　『朝日新聞』２０１３年1月18日
認知症のケア　ありのままに生きる支えを　『朝日新聞』２０１３年3月15日
老人福祉法50年　利用者本位、大部屋から個室へ　『朝日新聞』２０１３年9月20日
役所の仕事の仕方も変わった　（原題　役所の仕事昨今）　「こくほ随想」２０１４年9月

社会保障と税の一体改革

社会保障と税の一体改革

　なぜ、いま、社会保障と税の一体改革か？　『信濃の国保』長野県国民健康保険団体連合会　２０１２年5月号

　社会保障制度はどのように変わるのか？　『信濃の国保』２０１２年7月号

　これからの医療・介護について　『信濃の国保』２０１２年9月号

「一体改革」の到達点（原題「わが国の医療・介護の将来像と制度改革の方向性　――社会保障制度改革国民会議の議論を踏まえて――」）　『公衆衛生』医学書院 第78巻第12号　２０１４年12月

地域医療介護総合確保推進法の成立　（原題　医療介護総合確保推進法の成立）　「こくほ随想」２０１４年7月

国民健康保険制度の歴史的な転換点に立って　「こくほ随想」２０１５年３月
消費税と社会保障　「こくほ随想」２０１４年12月
財務省と社会保障　MEDIFAXweb じほう　２０１５年12月18日
活用が望まれるマイナンバー制度　「こくほ随想」２０１４年10月

日本の高齢者介護

この半世紀の高齢化のインパクト　「こくほ随想」２０１４年５月
１９６３年版の厚生白書　『医療と介護next』メディカ出版　２０１５年 No.2
『２０１５年の高齢者介護』は達成されたか　「こくほ随想」２０１５年１月
介護報酬のマイナス改定に思う　『医療と介護next』２０１５年 No.3
２０１５年介護報酬改定への「失望と希望」　MEDIFAXweb ２０１５年５月14日
「骨太２０１５」における介護保険の見直し　『医療と介護next』２０１５年 No.5
「一億総活躍」と厚生労働行政　『医療と介護next』２０１５年 No.6
「介護離職ゼロ」への不安　MEDIFAXweb ２０１５年11月20日
介護療養病床の廃止問題、議論矮小化への懸念　MEDIFAXweb ２０１６年２月18日
認知症問題に重い課題を突き付けた最高裁判決　MEDIFAXweb ２０１６年３月３日

『2015年の高齢者介護』と小山剛さんのこと　『医療と介護next』2015年No.5
介護保険の「正史」の登場　『医療と介護next』2016年No.4
北京で高齢者介護を考える（原題　北京で考えたこと）　「こくほ随想」2014年6月
北京再訪　『医療と介護next』2015年No.3

医療の現在

日本の医療費を考える　「こくほ随想」2014年11月
医療費の伸びはなぜ緩やかになったのか　MEDIFAXweb 2015年6月17日
「医療費の適正化」は実現できるか　MEDIFAXweb 2015年7月17日
地域医療構想、目指すべきは「良質・効率的な医療」　MEDIFAXweb 2015年4月8日
地域医療構想と地域包括ケア　『医療と介護next』2016年No.2
「カエサル」のものでなくなった薬価財源　MEDIFAXweb 2016年1月21日
「控除対象外消費税」という難問　MEDIFAXweb 2015年10月21日
「保険者の事前点検」への懸念　MEDIFAXweb 2015年8月19日

医療と介護の連携

求められる医療と介護の連携　「医療と介護の連携について」（「こくほ随想」２０１４年８月）および「日本版エーデル改革の背景—医療・介護連携を考える」（MEDIFAXweb ２０１５年９月16日）を再構成。

リハビリテーション専門職と地域包括ケアシステム　『医療と介護 next』２０１６年 No.2

今後の展望

見えない「ポスト消費税10％」の世界　MEDIFAXweb ２０１６年４月25日

「厚生労働省分割論」をめぐって　MEDIFAXweb ２０１６年５月15日

岐路に立つ社会保障　MEDIFAXweb ２０１６年６月19日

これから求められる社会保障の姿

これから求められる社会保障の姿　本書書き下ろし

あとがき

２０１０年10月に内閣官房に新たに社会保障改革担当室が設置されることになり、筆者が初代室長に任命された。当時、政府は「政府・与党社会保障改革検討本部」を立ち上げたところであり、その事務局として設置されたのが社会保障改革担当室で、「社会保障と税の一体改革」の取りまとめを担うこととなった。２０１２年６月には自公民３党の合意が成立し、これに基づき社会保障制度改革国民会議が設置されたが、その事務局長も務めることとなった。

筆者は２００８年に厚生労働省を退官し、社会保険診療報酬支払基金の理事長に就任したが諸般の事情により1期で退任したところであり、社会保障改革担当室長として毎日どころか週末も出勤するような状況であったが、身分としては非常勤として任用された。一度、退官した人間が公務に戻ることは稀有のことで、個人的にも得難い経験であった。社会保障政策で鋭く対立していた政党間で合意が成立し、社会保障のために必要な財源を確保した上で、社会保障改革を推進するという「一体改革」の枠組みの成立とその実施を事務局として担うことができたことは、公務員経験者として仕事冥利に尽きるものがある。

本書は、消費税増税法案と社会保障改革関連の7法案の国会での審議が始まった時期（2012年5月）から今日までのほぼ4年間に、各方面の求めに応じて執筆した文章を集めたものである。医療と介護に関するものが大部分であり、直接・間接に「一体改革」に関連するものが多い。現在進行中の社会保障改革について理解の一助になれば筆者として嬉しく思う。

簡単に本書の構成と、執筆経過を述べておきたい。

本書の冒頭の「政策形成の現場から」は、2012年10月から毎月1回「中村秀一の現場から考える社会保障」という標題で『朝日新聞』に掲載した12本のコラムが中心となっている。当時の朝日新聞のオピニオン編集長であった星浩氏から執筆のお誘いがあったものである。幅広い読者を対象に社会保障について論じるので、多角的に、できるだけ分かりやすく、また、興味をもって読んでいただくことに心がけたつもりである。執筆当初、あまり自信がなく、半年間という約束でスタートした。幸い編集部のお眼鏡にかなったようで1年間の連載を完走することができた。

この部分は、わが国の社会保障を概観しており、固く言えば「社会保障概論」であり、本書全体の総論に当たる。標題に個人名が冠されていることもあり、厚生省・厚生労働省で筆者自身が関与したことを盛り込むことに心がけたので、図らずも筆者の自己紹介にもなっているのではなかろうか。

「社会保障と税の一体改革」以下の諸章——「日本の高齢者介護」、「医療の現在」、「医療と介護の連携」は、本書の各論である。読者は、「社会保障と税の一体改革」の枠組みとその成立過程、進行中の社会保障改革の眼目とされる医療・介護の現状と課題、その中でも求められている「地域包括ケアシステム」、さらには「医療・介護連携」についての理解を得られるであろう。

初出一覧に示したとおり、長野県国民健康保険連合会の広報誌『信濃の国保』、各都道府県にある国民健康保険連合会に配信され、いくつかの広報誌に転載される「こくほ随想」、隔月刊の雑誌『医療と介護next』の巻頭言、「虎ノ門で考える医療の未来」という表題でMEDIFAXwebにアップされるコラム、学術誌『公衆衛生』に掲載された原稿である。

執筆時期が「一体改革」の佳境であったこともあり、「一体改革」の政策形成現場の実況中継的にならざるを得ないことがあった。同一テーマを扱っても執筆時期や対象読者層が異なるので、次の原稿には新たな情報や要素が付加されている。本書を編集する際、大いに迷ったところであるが、それぞれの原稿には執筆当時の状況が反映されている。できる限り当時の原稿のままとすることを基本とした。このため、ある原稿については若干重複の感を持たれるかもしれないが、読者のご理解を賜りたい。

末尾に置かれた「今後の展望」と「これから求められる社会保障の姿」は、改めて「一体改革」の意義を確認し、消費税増税再延期後の社会保障改革を展望し、これからの社会保障のあるべき姿を提示した。

以上が、本書の成り立ちである。それぞれの発表媒体の編集者には、お一人お一人のお名前はあげないが、大変お世話になった。

最後に、本書の発行について尽力していただいた年友企画の森田茂生社長、迫田三佳氏、編集の労に当たられた阿部孝嗣氏に深甚なる謝意を表したい。

2016年9月　　虎ノ門のオフィスにて

中村秀一

中村　秀一（なかむら　しゅういち）

一般社団法人 医療介護福祉政策研究フォーラム 理事長／
国際医療福祉大学大学院 医療福祉学研究科 教授

東京大学法学部卒後、1973年に厚生省入省（社会局老人福祉課配属）。以後、在スウェーデン日本国大使館、北海道庁、厚生省老人福祉課長、年金課長、保険局企画課長、大臣官房政策課長などを経て、厚生労働省では大臣官房審議官、老健局長、社会・援護局長を歴任。2008年に退官後、社会保険診療報酬支払基金理事長に。2010年10月から2014年２月までは、内閣官房社会保障改革担当室長（2012年10月から13年８月まで社会保障制度改革国民会議事務局長兼任）として、社会保障と税の一体改革に事務局を務める。

社会保障制度改革が目指しているもの
――内閣官房社会保障改革担当室長として考えてきたこと――

２０１６年11月11日　初版第１刷発行
２０１７年３月11日　初版第２刷発行

著　者　中村　秀一
発行者　森田　茂生
発行所　年友企画　株式会社
東京都千代田区内神田２−５−３児谷ビル
ＴＥＬ　０３−３２５６−１７１１
ＵＲＬ　http://www.nen-yu.co.jp/

発売元　株式会社　社会保険出版社
東京都千代田区猿楽町１−５−18千代田ビル
ＴＥＬ　０３−３２９１−９８４１
ＦＡＸ　０３−３２９１−９８４７

印刷・製本　株式会社キタジマ
装　幀　工藤　強勝

ISBN978-4-7846-0300-8 C3036